裁量労働制はなぜ危険か

「働き方改革」の闇

今野 晴貴、嶋﨑 量 編

岩波ブックレット No. 980

はじめに

今野晴貴

近年のブラック企業や過労死問題の広がりを受けて、政府は「働き方改革」を推進している。とりわけ二〇一六年に発覚した、電通の新入社員の女性が過労自死した事件を契機として、働き方改革に対する世論の関心が高まっている。

二〇一七年三月二八日には、「働き方改革実行計画」が策定され、時間外労働の上限規制の導入をめざすことが具体的に示された。政府は労働時間の短縮を含め、労働者の働きやすい環境を政策によって実現するとしている。

だが、労働環境の改善を進めるはずの「働き方改革」は、重大な危険を孕《はら》んでいることをご存じだろうか。それは、高度プロフェッショナル制度（以下、「高プロ」）の導入と裁量労働制の大幅規制緩和である。これらの法律は、単純にいえば、労働法の規制を緩和し、残業代を支払わずに残業させることができる制度である。

第二次安倍政権の下、二〇一四年六月に「「日本再興戦略」改訂２０１４」が閣議決定され、「新たな労働時間制度」の創設をめざすこととされた。そして、二〇一五年三月には、「高プロ」の導入と裁量労働制の規制緩和を含む労働基準法（労基法）改正法案が国会に提出された。

しかし、とりわけ「高プロ」は労働法の適用を除外することから、無限に残業を要求できる「残業代ゼロ法案」、「定額働かせ放題」、「過労死促進法」などとして、労働側の強い反対に遭い、両制度を含む法案の国会審議は見送られていた。

ところが、それから二年間凍結されていたはずの規制緩和政策が、いつの間にか「働き方改革」とセットにされてしまい、実現しようとしている。

また、「高プロ」に関してはある程度の関心が集まっている一方で、類似の制度である裁量労働制についてはほとんど知られてすらいないのが実情だ。後述するように、裁量労働制は「高プロ」の代替物とみなされている。実は、規制緩和の「本丸」は裁量労働制にあるといってもよく、仮に「高プロ」が撤回された場合でも、裁量労働制についてはほとんど議論をされないまま通過してしまう恐れがある。

このような状況の中で、本書は裁量労働制が労働社会に与える危険について問題提起することを目的としている。第1章では規制緩和の経緯と狙いについて解説し、続く第2章では法的観点から問題の整理を行う。第3章では裁量労働制の適用が現実に引き起こした問題の事例を紹介し、第4章では労働組合の果たすべき役割について具体的な取り組みから解説する。第5章には現在裁量労働制で働く労働者に向けた「対応マニュアル」を、また巻末に法的権利行使のための「チェックシート」を付した。

本書は緊迫する国会論戦のただなかに執筆された。立法をめぐる議論、これを報道するメディア関係者、裁量労働制で働く労働者など、関係するすべての人にとって、本書が役立つことを願っている。

※本書掲載の図表は、ことわりがない場合は各章の筆者が作成したものである。

第1章 「働き方改革」と裁量労働制

今野晴貴

規制緩和の狙い

単純にいってしまえば、今次の労働時間改革である高度プロフェッショナル制度(以下、「高プロ」)の導入と裁量労働制の大幅規制緩和の目的は、「労働時間と賃金の関係を切り離すこと」にある。裁量的に働き、能力や専門性が高く、それに応じた年収も高い労働者を対象とし、仕事の量(時間)ではなく質(成果)で賃金を支払うべきだということが、推進側の一貫した論理だ。時間に縛られずに働きたい、いわば「エリート」に対しては特別な制度が必要だというのだ。

「「日本再興戦略」改訂2014」には、後に「高プロ」と呼ばれるようになった制度について、次のように記されている。

> 時間ではなく成果で評価される働き方を希望する働き手のニーズに応えるため、一定の年収要件(例えば少なくとも年収一〇〇〇万円以上)を満たし、職務の範囲が明確で高度な職業能力を有する労働者を対象として、健康確保や仕事と生活の調和を図りつつ、労働時間の長さと賃金のリンクを切り離した「新たな労働時間制度」を創設する。

現在の日本の労働法においては、一日八時間、週四〇時間を超える労働に対しては割増賃金を支払う必要がある。例えば、一日の九時間目の一時間には、通常の一時間あたり賃金の一二五％の割増賃金を支払う義務が発生する。

したがって、一日八時間の労働時間を超えない場合は、最低賃金法等の法令に反しない限り、どのような賃金制度を設定することもできるが、一日八時間を超える場合には一時間あたりの賃金を確定し、割増賃金を支払わなければならなくなる。

そのような中で、「労働時間と賃金の関係を切り離すこと」によって、企業に「完全な成果主義」の導入を促すことが、政策上の目的であるとされているわけである。

このような法制度には、しかしながら、①エリートたちであれば、労働時間と賃金の関係を本当に切り離してよいのか、もし仮に①をよしとしたとしても、②対象とされるエリートはどこまでの範囲なのか、という二つの論点が生じることになる。

なぜ「労働時間と賃金の切り離し」が必要なのか

第一の論点から検討していこう。「労働時間と賃金の切り離し」は繰り返し提言されてきた。第一次安倍政権下の二〇〇五年六月二一日には日本経済団体連合会（経団連）から「ホワイトカラーエグゼンプションに関する提言」が出され、二〇〇七年三月には「労働基準法の一部を改正する法律案」が閣議決定された。そのたびに、時間に縛られて働くことが好ましくない労働者が存在する、との主張が繰り返されてきた。

ホワイトカラーエグゼンプション

主に事務職などのホワイトカラー労働者について、労働基準法が定める一日八時間、週四〇時間の労働時間規制の適用を除外する制度。残業代支払いや休憩・休日を与える義務がなくなり、会社は際限なく労働時間を延長できるため「残業代ゼロ法案」「過労死促進法案」と批判されている。すでに導入されているアメリカの制度を参考にし、二〇〇五年に経団連が提起。二〇一五年四月に国会に提出された「労働基準法等の一部を改正する法律案」に盛り込まれた。なお、この法案には「成果に応じた賃金制度」に関する内容は一切含まれていない。（筆者）

「労働者の中には（中略）労働時間にとらわれず、納得のいく仕事、満足のいく仕事をしたい、自由に自分の能力を発揮したい、仕事を通じて自己実現をしたいと考える者もいる。このように、価値観は人それぞれである」

「多様な働き方を実現するためには、個々の労働者の業務の繁閑に応じ、必要があるときには集中して働くが、時間的に余裕のあるときは休暇をとったり、労働時間を短くしたりできるようにする制度、つまり自己の裁量で労働時間を弾力的に運用できる制度が必要である」（経団連 二〇〇五）。

だが、労働時間と賃金の関係を切り離し、「完全な成果主義」が実現するということは、言い換えれば、何時間働いたとしても、賃金はそれとまったく関係なく支払われるということである。

多大なノルマを課すなどして長時間働かせたとしても、使用者は対価を上乗せで支払う必要がなくなるため、長時間労働や過労死が助長されることが懸念される。

たとえ能力が高く、創造的に働く意欲があったとしても過労死するリスクがあることに代わりはなく、残業代支払い以外の健康確保の措置（定期的な健康診断など）を行ったとしても、長時間労働の危険がなくなるわけではない。

また、労働者のキャリア形成という観点からいえば、一部の労働者が社内評価のために積極的に長時間残業による成果獲得を志向することによって、多くの労働者が長時間労働による「競争」に巻き込まれることも懸念される。そのような競争が常態化すれば、評価の基準（どれだけの成果に対し、どれだけの報酬なのか）そのものが引き上げられていくことだろう。ついには、果てしない長時間労働が「標準の労働」にもなりかねないのである。

このようになってしまう理由は、労働時間と賃金の関係を切り離したとしても、「適切な目標設定」や「適切な評価」が実現される保証はないからだ。単純に考えてわかるように、残業代が支払われないことと、目標設定や成果で評価されること、それらの評価の基準が適切であることは、直結しない。「完全な成果主義」を実現するためには労働時間と賃金の関係の切り離しが必要だが、労働時間と賃金の関係を切り離したからといって、必ずしも公正な成果主義や、まして適切な評価制度が実現するわけではないのである。

このように、柔軟な働き方をめざすために、労働時間と賃金の関係をいたずらに切り離すことは、多大な危険を伴っている。

「普通の労働者」に適用される危険

第二に、同制度はその「適用範囲」に対しても問題が指摘されてきた。労働時間と賃金の関係の切り離しは、非エリートのいわば「普通の労働者」にまで適用される可能性が高いからだ。

二〇〇五年の経団連の「提言」によれば、労働時間制度の適用除外の年収要件は、「当該年における年収の額が四〇〇万円（又は全労働者の平均給与所得）以上であること」が妥当だとされている。まさに、「普通の労働者」を対象としていることがわかる。

今次の働き方改革においても、エリートに限らず、労働者全般を対象とした労働時間制度改革が企図されている。「「日本再興戦略」改訂２０１４」の検討過程で注目された長谷川（閑史《やすちか》）主査の主張によれば、働き方改革の目標は、

- 意欲と能力のある働く個人（男性・女性、若者、高齢者など）の全員参加
- 高度外国人材をはじめ優秀な人材が働きやすい環境の構築
- ＩＴなどの技術革新も踏まえた労働生産性（効率性・付加価値性）の向上

であり、エリートに限らず、社会全体の「参加」しやすさを実現するという（長谷川 二〇一四）。また、この「目標を達成するためには、一律の労働時間管理がなじまない働き方に適応できる、多様で柔軟な新たな労働時間制度等が必要である」という。その具体的な政策こそが、「高プロ」

の導入と裁量労働制の規制緩和ということになろう。

確かに、社会構造が変化している中で、柔軟な働き方自体は一律に否定されるべきものではないだろう。実際、「一律の労働時間管理」は旧来の工場労働をモデルとしており、技術が発展した今日では、テレワークやフレックスタイムなどを含め、より柔軟な働き方が労使双方から求められていることは間違いない。

例えば、労働相談を受ける私たちには、労働者側から「在宅勤務を認めてほしい」という声も寄せられる。不合理な満員電車通勤や過密なオフィスでの不効率労働を考えれば、当然の要望であろう。また、出退勤時間を労働者が自由に決めることができれば、業務遂行と家庭の両立や余暇の取り方といった点で労働者側の福利が増進される。さらに、「自分の分の仕事が終わったら帰れるようにしてほしい」という主張も当然のものだ。しかし、「労働時間と賃金の関係を切り離す」ことで、果たしてこのような希望は実現されるのだろうか？

実は、このような「柔軟な働き方」を実現するために、労働者自身が働く時間を選ぶ制度であるフレックスタイム制や、使用者側が労働時間を指定する変形労働時間などの方法がすでに整備されている。これらの方法では、労働時間と賃金の関係は切り離されていないが、働き方自体は柔軟になっている。また、目標とされた仕事が終わった労働者が「早く帰る」ことを使用者が認めることも、現行法では何ら制約されていない。成果分をボーナスなどで評価することも可能だ。

それにもかかわらず、財界からは、労働時間と賃金の関係の切り離しを幅広い労働者に対して適用することが繰り返し求められている。このような要求の背景には、「普通の労働者」全般に対し、残業代を支払わない「完全な成果主義」を実現するべきだという考え方があることは明らかだろう。

背景にある「強い労働者像」

一方で、規制緩和推進論の背景には、一部の労働法学者や経済学者が労働者に対して抱く、誤った「労働者像」がある。

近年の労働法政策に深くかかわってきた菅《すげ》野《の》和夫氏と諏訪康雄氏は次のように述べている。「〔近年は労働者の〕「絶対的な弱者」というタイプが減少し、「相対的な弱者」あるいは「もはや弱者とみるべきではない」といったタイプも、目立ちはじめたのである。別の観点からいうならば、社会経済の成長・成熟に伴い、労働法の対象となる労働者像が、画一的で、取締的で、強行的な規制を加える対象になじむ「集団としての労働者」から、当事者の意思を尊重しつつ、個別的で、補完的な方法で任意的規制を行う方が適切な「個々人としての労働者」へと転換しつつあるように思われる」、「個人として市場で評価されるだけの職業能力を備え、市場取引に必要な判断能力を有し、自己の責任でリスクを引き受けながら取引を行うという労働者像が浮かび上がる」（菅野・諏訪、一九九四。傍点引用者）。

このような見解に従えば、今や少数ではなくなった「強い労働者」に関しては、従来のような法規制はむしろ不適切だということになる。

これに対し、労働法は、市民社会における労働者は、使用者に対して弱い存在であるとみなし、特別な保護を与えている。労働時間規制や割増賃金制度も、弱い立場の労働者を保護するためにある。理念上は市民社会においては使用者も労働者も対等、平等とされるが、現実には労働者側が弱いからだ。つまり、形式的に対等、平等な扱いをすると、実質的には労働者側が著しく不利な立場に置かれてしまうのである。そのため、労働法は実質的な対等、平等を確保するために各種の規制を設けている(この点については、西谷 二〇〇四を参照されたい)。

社会に蔓延する不払い残業代やパワーハラスメントなどを見れば、今日においてもこの前提はまったく変わっていない。ブラック企業問題に深くかかわってきた著者から見れば、「強い労働者」が顕著なほど増えたとは思われない。それどころか、今日の課題はむしろ、劣悪な労働条件の無際限な拡大のほうにあると考える。確かにホワイトカラーは多数になったが、彼らの多くは以前よりも厳しい競争環境や労働組合組織率の低下の下で、より困難な立場に追いやられている。

本書の第３章で紹介するように、「自律的」とされる労働者(つまりは「強い労働者」)の多くも、実際には弱い立場の労働者が、「形式」だけそのように仕立てられているのが実情である(なお、そのような管理職や裁量労働制への「偽装」はブラック企業の典型的な違法行為の手口でもある。詳細は拙著『ブラック企業』等を参照してほしい)。

なぜ、今「裁量労働制」なのか

裁量労働制の規制緩和は、まさに、こうした「普通の労働者」に対し、労働時間と賃金の関係の切り離しが拡大する危険を有している。

冒頭で述べたように、今、「裁量労働制」の拡大がめざされている理由を端的にいえば、それは、「高プロ」や「ホワイトカラーエグゼンプション」の代替物として、社会的反発の少ない（つまり、よく知られていない）制度を拡大しようとしているからだ。しかも、「高プロ」や「ホワイトカラーエグゼンプション」とは違い、その適用には年収の要件すらない。

裁量労働制は一九八七年に制定されて以来、財界の要望によってたびたび拡大されてきた。一九九四年に出された旧日本経営者団体連盟の裁量労働制研究会による「裁量労働制の見直しについて（意見）」は、財界の労働時間改革に対する今日までの基本的な考え方を表している。

これによれば、「（日本のホワイトカラーの割合は）平成五（一九九三）年時点で、就業者全体のほぼ半数に達している。こうしたホワイトカラーの相当部分は、自己の判断で職務を行う「裁量労働者」であるといえる。ホワイトカラー職業従事者は、裁量的に働き、包括的な仕事の分担や日程等は上司の指示をうけるものの業務の具体的遂行は各人が自主的に判断して行うところの労働者であり、また、働く場所や労働時間の長さで処遇されるよりはむしろ業績・成果で処遇されることに適した労働者でもある」としている（日本経営者団体連盟　一九九四）。このように、裁量労働制はまさに「普通の労働者」全般に適用することが企図されてきた制度である。

また、同「意見」は「裁量労働制の見直しは、既存の法規定にとらわれるべきではない」。「今後は、たとえば、アメリカの「イグゼンプション制」などを参考とした新たな制度の構築が求められよう」と、労働時間規制の適用除外制度の将来的な創設を提言している。その上で、「しかし、いわゆるホワイトカラー職業従事者の大部分を一挙に「イグゼンプション」とするには無理な面もあろう。当面は「裁量労働制」の範囲を拡充していくこと」が有効であると指摘している。

つまり、財界はホワイトカラーの多く（「相当部分」）に対して、裁量労働制を適用すべきだと考えており、それは労働時間規制の適用除外制度の「代替物」としてなのだ。それゆえ、今回の法改正においても「高プロ」はあくまでも長期的な課題、あるいは「妥協のカード」であって、はじめから本命は裁量労働制の拡大の方にあるものと考えられるのである。

裁量労働制はなぜ危険か

では、裁量労働制は「高プロ」や「ホワイトカラーエグゼンプション」をどのように代替するのだろうか。

そもそも、裁量労働制とは「一定の専門的・裁量的業務に従事する労働者について事業場の労使協定において実際の労働時間数にかかわらず一定の労働時間数だけ労働したものとみなす」制度である（菅野 二〇一二）。すでに見た労働時間規制の適用除外制度と同様に、高度な専門能力や自律性をもった労働者に対しては、通常の労働時間規制を適用しなくともよくするということだ。例えば、「一日一〇時間働いたものとみなす」場合には、たとえ一一時間働いたとしても、一〇時間分の賃金しか支払われないことになる。このように、裁量労働制は労働時間と賃金の関係を切断することが可能な制度である。

とはいえ、裁量労働制は一方で、「一〇時間働いたとみなす」ので、あくまでも労働時間とリンクしているともいえる。また、休日労働や深夜労働については労基法が適用され、割増賃金の支払いが義務づけられる点でも、「完全な成果主義」を実現する制度ではない。

問題は、この「みなし労働時間」と実際の労働時間が著しく乖離した場合、法的にどのような取り扱いになるかということだ。実は、この点については、法律上明確な規定がなく、裁判例も存在しない。いわば、その取り扱いは「グレーゾーン」のままなのである。

実際に、昨(二〇一七)年一二月には、記者職に専門業務型裁量労働制を導入していたNHKが、渋谷労働基準監督署から「適切な水準で労働時間を設定すること」とする指導を受けていたことが明らかになった(朝日新聞二〇一七年一二月二七日)。それにもかかわらず、「労基署から改善について具体的な指導はなかった」という。

一方で、有力な学説においては、「みなし労働時間」と実労働時間がどれだけ乖離が存在していても、それは適法だと見なされるとの見解がある。裁量労働制の導入・拡大に関与してきた菅野和夫氏によれば、「裁量労働のみなし制では、労働の量よりも質ないし成果を問題にした方が適切であると考えられる高度の専門的裁量的業務について実際の労働時間数にかかわらず一定労働時間だけ労働したものとみなし、これによって労働の質に応じた報酬の支払いを可能ならしめる制度である。したがって、裁量労働のみなし制度の中には、みなし時間数を実際の労働時間数にできるだけ合致させようとの要請は格別含まれていないと考えられる」(菅野前掲書)という。

さらに、菅野氏は「裁量労働制のより典型的なタイプは、年俸制、職務等級制などの成果・能力主義賃金制度下において、当該労働者たちが実際に労働する時間数を問題とせずに、当該事業場の所定労働時間だけ労働したものとみなすというもの(所定労働時間みなし制)となる」としている。一日八時間分の賃金に「みなし労働時間」を設定することで、はじめから時間外労働との関係は一切考慮せずに賃金を支払うべきだということである。

こうした「グレーゾーン」の存在を反映し、実際の労務管理においては八時間制のみなし労働時間を設定して多大な残業をさせる場合や、逆に「みなし労働時間」を長大に設定する場合など、さまざまな運用が行われている。

このように、裁量労働制の「みなし労働時間」の取り扱いは「グレーゾーン」と化しているが、どのような運用を行う場合にも、労働時間規制の適用除外として実質的に機能する。そのため、この制度は「高プロ」や「ホワイトカラーエグゼンプション」と同様の危険を孕んでいる。

三重の「グレーゾーン」と「偽装裁量労働」の横行

裁量労働制には、「みなし労働時間と実労働時間の乖離」に加え、もう一つのグレーゾーンが存在する。労働時間規制からの適用除外の前提条件は、すでに述べたように「強い労働者像」に基づいているのだが、そのような「労働者像」そのものが、極めて曖昧な概念だからである。

菅野氏自身も裁量労働制が適法となるためには、「当該業務が高度に専門的ないし企画的なものであって、労働時間を拘束することが労働者の能力発揮の妨げとなること、したがって当該業務遂行については高度の自律性が保障されること、それら労働者グループが割増賃金不払を補ってあまりある経済的待遇を与えられること、当該職場で年次休暇がほぼ完全に消化されることなどが必要となる」としている（菅野前掲書）。

仮に、菅野氏のように、「みなし労働時間と実労働時間の乖離」を正当であると見なすとしても、実際に「強い労働者」でなければ適用できないはずなのだが、すると今度は、誰が「強い労働者」であるのかを巡って新しいグレーゾーンが発生するわけだ。

実際に、高度な裁量はもっていないにもかかわらず、裁量労働制が適用されている労働者は多数にのぼっている。いわば「偽装裁量労働制」がすでに社会に蔓延しているのだ。例えば昨年三月には、損保ジャパン日本興亜が企画業務型裁量労働制を支社・支店の一般営業職に適用していたことが国会で問題となった。一般営業職の労働者が裁量労働制の適用が可能な「経営の中枢部門で企画・立案・調査・分析業務に従事」という要件に該当しないことは容易に推察できよう。

また、不動産大手の野村不動産は、社員約一九〇〇人中、マンションの個人向け営業などに従事していた約六〇〇人に企画業務型裁量労働制を違法に適用していたとして、昨年一二月に東京労働局から特別指導を受けている。

これほどの大企業が不適切な裁量労働制を大規模に「適用」していたことは、内実を伴わない違法な裁量労働制が野放しになっている現状をわかりやすく示している。

さらに、裁量労働制には、労使協定などの「手続き要件」が必要とされているのだが、これらも相当に複雑であるために、不適法な適用が横行している。

このように、裁量労働制には、①適用の手続き、②どのような労働者に裁量労働制が適用できるのか、③「みなし労働時間と実労働時間の乖離」は正当化されるのか、という三重に渡ってグレーゾーンが存在するのであり、適法かどうかも曖昧なままに、「労働時間と賃金の関係の切り離し」（言い換えれば、ただの「不払い残業」）を日本社会に蔓延させてきたのである（②については裁判例がほとんど存在せず、③は皆無である）。

適用業種拡大による、グレーゾーンの拡大

今回の法改正は、このような「グレーゾーン」をさらに広げ、「普通の労働者」に対する裁量労働制の適用を拡大する危険がある。

現在、裁量労働制は、裁量労働の実質を担保するために、適用できる業種は制限されている。適用の対象業種は「専門業務型」と「企画業務型」の二種類に分けられ（巻末資料参照）、前者については行政によって具体的に指定され、後者については、

「事業の運営に関する事項についての企画、立案、調査及び分析の業務であって、当該業務の性質上これを適切に遂行するにはその遂行の方法を大幅に労働者の裁量にゆだねる必要があるため、当該業務の遂行の手段及び時間配分の決定等に関し使用者が具体的な指示をしないこととする業務」

とされている。先ほども述べたように、これ自体極めて曖昧で、どの業種が対象になるのかわからない。行政は「指針」によって対象業種の例と、対象とはならない例を示しているが、これも十分ではない。しかも、すでにみた「偽装裁量労働制」は、適用が認められていない業種だけでなく、適法な業種の中にも広がっている。つまり、対象業種を拡大すればするほど、ますます「偽装裁量労働制」が広がる危険を助長することになる。

そんな中で、今回の法改正案は、これまでは認められてこなかった「営業職」および「管理職」の一部に対し、企画業務型の対象を拡大するとしている。

「営業職」、「管理職」への拡大の意図

注目したいのは、企画業務型の対象業種を特に「営業職」と「管理職」に拡大しようとしている背景である。実は、これらの業種においては、従来からさまざまな脱法行為によって残業代が支払われないことが横行してきた。言い換えれば、「普通の労働者」に対し、違法行為が跋扈《ばっこ》してきた業界である。ところが近年、そうした脱法行為が困難になっているのだ。

営業職の場合には「事業場外みなし」と呼ばれる制度や「固定残業代」が適用され、残業代が支払われないことが横行してきたが、「事業場外みなし」に関しては、実際の労働時間と「みなし労働時間」を合致させる必要があり、乖離が大きい場合には違法になる。この場合、裁判で争われれば、違法な不払い残業代の支払いが命じられることになる。

また、固定残業代制度とは、「月給」にあらかじめ残業代を含み込む制度であり、例えば、「月給三〇万円」と求人を出しておきながら、実際の労働契約では「基本給一五万円、固定残業手当一五万円、月給三〇万円」（中堅不動産会社の営業職の例）などとし、実質的に残業代の支払いを拒む労務管理手法である。

日本の労働法では、求人と契約書の内容が異なることが許容されており、また、月給の表示に対する規制も存在しなかった。そのため、月給表示に残業代を含めた募集が社会に蔓延している

のだ（詳細は拙著『求人詐欺　内定後の落とし穴』参照）。そして、このような「求人詐欺」ともいえる手法が特に顕著に見られた業種の一つが、営業職である。

だが、固定残業代についても、あらかじめ何時間分、どの部分の残業手当について定められていたのかが明確であり、当人もそれを了承している場合にしか有効とはならないという最高裁判所の判決が出ている。さらに、昨年には職業安定法が改正され、今年一月一日からはハローワークや職業紹介事業者に申し込む求人者に対し、虚偽の求人申し込みを行った場合の罰則規定の適用が行われることになった。

一方、「管理職」についても、従来から違法な「管理監督者制度」の適用が問題となってきたが、二〇〇〇年代中盤からは「偽装管理職問題」（「名ばかり管理職」）として社会問題化し、二〇〇八年には、マクドナルド裁判の判決（東京地裁）でチェーンストアの店長の管理監督者性が否定されるなど、「脱法行為」が裁判で追及されてきた。そこで、管理職においても、時給の引き下げや、固定残業代の導入が促進されてきた経緯がある。

このように、従来の脱法的な残業代不払いが訴訟や裁判例、そして立法によって脅かされる中で、裁量労働制が「新たな不払い制度」として一部の企業の期待を集めていると考えられるのだ。先に見た損保ジャパンや野村不動産の不法な裁量労働制の適用は、こうした期待を先取りした動きだとも言えるだろう。裁量労働制がこれらの業種に絞って拡大されようとしている事実は、到底見逃すことができない問題である。

広がる誤報と無責任

以上、新しい労働時間改革が、労働時間と賃金の関係を切り離す制度であり、それが多大な危険を孕むものであることを概観してきた。だが、この危険性の認識は、社会にあまりに浸透していない。その大きな要因の一つは、政府自らが、制度の誤解を招くような発表を繰り返し、多くの報道もこれに追従しているからである。

すでに述べたように、労働時間と賃金の関係を切り離したとしても、時間外労働に対する規制が緩和されるだけである。残業代が不払いになったからといって、「成果」で評価されることにも、適切な目標設定が義務づけられることにもならない。

それにもかかわらず、例えば、NHKでは「働いた時間ではなく成果で評価するとして労働時間の規制から外す「高度プロフェッショナル制度」」(昨年八月二九日)と、あたかも今次の労働改革が「成果による評価」を実現するかのように報じている。このような報道姿勢はNHKに限らず、多くのメディアに共通している。こうした報道は、ブラック企業や過労死が蔓延する中で、「高プロ」や裁量労働制によって、あたかも目標設定や評価のあり方が法的に規制されるとの誤解を与えている。これは、法制度の誤解に基づく誤った情報であり、即刻正されるべきである。

さらに、国会での安倍首相の主張を発端として、裁量労働制の労働者の平均労働時間は通常の労働者よりも短いという誤報も流布されている。一月三〇日の日本経済新聞は「安倍晋三首相は「裁量労働制で働く人の労働時間は平均で一般の労働者より短いというデータもある」と説明するとともに「多様な働き方を認めていく必要がある。七〇年ぶりの大改革だ」と改革の意義を強調した」と報道しているが、本書第4章(六〇—六一頁)に述べられているように、大規模調査からは裁量労働制の労働者が一般的な労働者よりも労働時間が長いことがわかっている。また、記事が首相の言葉として引用しているような、単純な労働時間の平均値の比較において、裁量労働制の労働者の労働時間が通常の労働者よりも短いことを示した統計は、そもそも存在しない。

こうした誤報に加えて、「現実」を無視した政策論の広がりも危惧される。理屈の上では、労働時間と賃金の関係を切り離し、各企業が成果主義制度を導入すれば(それ自体、義務ではない)、「成果」そのものの基準をより公平に問う必要が生じることになる。その結果、現在よりもより納得性の高い人事制度が生まれるのだ、という見解が存在する。

しかし、労働相談の実務にかかわる者からすれば、そのような立法者の想定は全盤的には実現しないだろう。すでに述べたように、裁量労働制には広範なグレーゾーンが広がり、「普通の労働者」が適用の対象となっており、労使の非対称な力関係の下で「規制緩和」を促進すれば、使用者による不当な命令が可能となる領域が広がる結果となると思われるからだ。これは、労働法の原則的な想定にすぎないが、現実にはそのほうが圧倒的に事実に当てはまっている。

法に関与するアクターは、労使関係においては、使用者、労働者・労働組合、労使関係に介入する「アドバイザー」であるが、彼らはそれぞれの利害に立脚して行動しており、立法者の意図通りに行動するわけではない。法政策論は、こうした諸アクターの行動を考慮に入れ、問題を考えなければならないはずだ。現実を無視して広範にグレーゾーンを広げていけば、結局はブラック企業に見られるような、不当な労務管理の拡大が引き起こされることが、経験則である。それらの労務管理は、(対価の支払い義務がないため)不効率な残業命令を増加させるだけでなく、過労死・鬱をも増加させることで、日本の生産性を減退させることにもつながる。

悪意のある経営者の存在、彼らに不適法な助言をする弁護士・社労士等の存在(グレーゾーンの積極的な活用)、それに対抗する労働者側の脆弱性(本書第2、4章で述べるように、だからこそ労働組合の取り組みに対する期待も高まっている)、これらの実態を踏まえた労働法政策が求められている。

参考文献

菅野和夫 二〇一二、『労働法 第一〇版』弘文堂。

菅野和夫・諏訪康夫 一九九四、「労働市場の変化と労働法の課題——新たなサポート・システムを求めて」『日本労働研究雑誌』三六巻一二号。

西谷敏 二〇〇四、『規制が支える自己決定——労働法的規制システムの再構築』法律文化社。

日本経営者団体連盟 一九九四、「裁量労働制の見直しについて(意見)」。

日本経済再生本部 二〇一四、「日本再興戦略」(二〇一四年六月二四日閣議決定)。

日本経済団体連合会 二〇〇五、「ホワイトカラーエグゼンプションに関する提言」。

長谷川閑史 二〇一四、「個人と企業の成長のための新たな働き方——多様で柔軟性ある労働時間制度・透明性ある雇用関係の実現に向けて」首相官邸・産業競争力会議(二〇一四年四月二二日)提出資料。

第２章　裁量労働制とは何か――法的観点から

嶋﨑　量

１　労働時間規制の法的枠組み

労働時間規制の意味――歴史的経緯

法律的観点から裁量労働制を端的に説明すれば、労働時間規制緩和の制度である。つまり、現行の労働時間規制において実質に中核をなしている割増賃金支払い義務による規制を、免れさせる制度（より分かりやすく表現すれば「残業代ゼロ制度」）だからである。したがって、法的観点から裁量労働制の危険性を把握するには、まずもって裁量労働制により緩和される、現行の労働時間規制の法的枠組みを正確に理解することが不可欠となる。

本来、労働条件は個々の労働者と使用者とが自由に合意（＝労働契約）で決めるべきもので、これが市民社会の原則だ（私的自治の原則）。しかし、労働基準法はこの市民社会における原則に対して修正を加え、「この法律で定める労働条件の基準は最低のもの」（労働基準法第一条二項）として労働時間法制における大原則も労働基準法で定め、刑罰法規による威嚇力（取り締まるために労働基準監督署を置く）まで与え、労働者と使用者が自由に合意しても覆せない規制を定めたのである（労働法による市民法の修正）。

このような市民法の修正が必要な理由は、端的にいえば労働者保護だ。とりわけ重要なのは、労働者の命や健康の確保である。労働者と使用者とは、歴史的にも現実の力関係は常に非対称で使用者が圧倒的に強く、資本主義社会の進展過程でわが国でいえば『女工哀史』にみられるように、世界中で使用者が利益を上げるため劣悪な労働条件(典型が長時間労働)で労働者を働かせ、命や健康が損なわれる事態が発生した。

こういった事態を防ぐため、大げさではなく人類が生み出した英知が労働法なのであり、労働法の世界、労働時間規制の法的枠組みにおいても、当事者が自由に合意しても奪えない規制を設けているのだ。

このような労働法が生まれた歴史的経緯、世界観を理解することは、裁量労働制の危険性を把握する上でも極めて重要だ。いつの時代でも、(社会全体の利益、企業の中長期的な利益や健全な発展ではなく)目先の利益を得たいと考える使用者にとって、労働法、特に労働時間の規制は邪魔モノだ。そんな規制を免れるため、使用者側からは手を変え品を変え、労働法の規制緩和を求める動きは起きる。

だからこそ、労働法・労働時間規制の緩和を考える際には、そもそも労働法が市民法の修正として生まれた歴史的意義を踏まえつつ、その規制緩和を許すべきか否か、大局的見地から検討する必要がある。

現行の労働時間規制の大原則

現行の労働時間規制の大原則(裁量労働制に関する点として)は、以下の二点である。

① 原則一日八時間かつ週四〇時間とすること(労働基準法第三二条)
② 労働時間を実労働時間で把握すること

とはいえ、日本の労働現場は、この労働時間規制の大原則通りには運用されていない。

特に、日本社会に蔓延する長時間労働の現状を踏まえれば、①の原則(原則一日八時間かつ週四〇時間労働とする)などは、労働時間規制の大原則であると説明されても、しっくりこない方も多いだろう。その理由は、この①の原則は、大きな例外が認められているからである。残業代(割増賃金含む)の支払いと、三六協定《さぶろく》(労働基準法第三六条)の締結届け出を義務づけてこれを歯止め策とすることで、青天井の残業が法的にも認められている。歯止め策はあるとはいえ、この上限なき青天井の残業が可能となる点が、日本の長時間労働を生み出す要因となっているからだ。

また、②の原則を遵守《じゅんしゅ》するなら、労働時間は実労働時間で把握するべきところ、きちんとした労働時間管理がなされない職場が蔓延している。このような職場が蔓延する最大の理由は、現在の労働基準法には実労働時間を適正に把握することに対する明確な規定が存在せず、実労働時間の適正把握を怠った使用者に対する刑事罰などの制裁もないからだ。実際に、ほとんどの過労死事件では原因である長時間労働の時間が職場で適正に把握されておらず、実労働時間の適正把握がなされていない。

要するに、現行の労働時間規制の大原則①②は、いずれも抜け道だらけで規制が甘いため、長時間労働が蔓延しているのだ。

裁量労働制の法的位置づけ

裁量労働制とは、裁量が与えられる一定の業務に携わる労働者について、労働時間の計算を実労働時間ではなく「みなし」で行うことを認める制度である。この裁量労働制が労働時間規制緩和の制度であることを、現行の労働時間規制の大原則①②との関係で解説していきたい。

この裁量労働制は、大きく分けて専門職種の労働者に関する「専門業務型」と、経営の中枢部門で企画・立案・調査・分析業務に従事する労働者に関する「企画業務型」の二種類があるが、規制緩和が狙われているのは、「企画業務型」である（3節で詳述）。

裁量労働制が適用されると、使用者は残業代の支払いも「みなし」の時間に従って支払えば足りることになる。つまり、実際に労働者が何時間残業しても残業代は「みなし」時間分しか払われないため、みなし時間分の超過分は残業代支払いがゼロとなる。そのため、本来であれば①の原則の例外を認める歯止め策として残業した時間に比例して支払うべき残業代制度の適用が除外されてしまい、①の原則が骨抜きとなってしまうのだ。

また、実際に労働者が何時間働いていたとしても使用者は「みなし」通り働いたことにされてしまい、②の労働時間を実労働時間で把握するという原則も骨抜きとなる。

このように、現行の労働時間規制の大原則①②をいずれも骨抜きしてしまうのが、この裁量労働制である。

現状を踏まえ、労働時間規制は緩和か？　強化か？

日本の労働現場では、このような労働時間規制の大原則がまったく無視され、長時間労働が蔓延していることについては、社会全体で共通認識を得られるだろう。

①の原則は、例外である残業代支払いによる規制（＝残業代の割増賃金支払いにより長時間労働を抑制する）が機能せず、残業代不払いが蔓延している。

また、長時間労働であるのに、実際には何時間働いたのか分からない労働者が多数存在しており、「サービス残業」という言葉が（本来は刑罰を科される犯罪行為であるのに）普通の言葉としてまかり通るくらい労働時間の適正把握は不徹底で、②の原則も骨抜きとなっている。

そして、現状の日本の労働現場は、①②の原則が骨抜きとなった結果として、命や健康が損なわれる過労死・過労鬱などが大きな社会問題となっている。

この日本社会の現状は、使用者の利益のため長時間労働により労働者の命や健康が損なわれている、まさに歴史的にもその役割を労働法が果たすべき場面に他ならない。本来、労働法が果たすべき役割に立ち返れば、これまで以上に原点に立ち返り、厳しい労働時間規制が求められる状況なのだ。

にもかかわらず、このまったく真逆《まぎゃく》のベクトル、労働時間規制をさらに緩和しようという政策の大本命が、裁量労働制の適用拡大による規制緩和だ。これが実現すれば、長時間労働に拍車がかかるのは自明である。

現状を踏まえれば、裁量労働制を含む労働時間規制は緩和ではなく強化しなければならないという、大きな議論のベクトルを確認することは有益だろう。

2 「働き方改革」における労働時間規制——労働時間規制の破壊

「働き方改革」における労働時間規制の位置づけ

安倍政権が推し進める「働き方改革」の大きな柱となっているのは、長時間労働の是正だ。この安倍政権が「働き方改革」一括法案として準備する中には、長時間労働是正を狙いとする「時間外労働の上限規制」(労働時間規制の強化)とあわせて、長時間労働を加速させる「高度プロフェッショナル制度(「高プロ」)の創設」と「裁量労働制の拡大」(いずれも労働時間規制の緩和)が取り入れられている。長時間労働を加速させる「高プロの創設」と「裁量労働制の拡大」が、なぜか長時間労働是正を掲げる「働き方改革」という真逆の政策の中で登場しているのだ。

時間軸をたどれば、安倍政権は「働き方改革」に取り組む以前、二〇一二年一二月の政権発足直後から、労働時間規制緩和として「高プロの創設」と「裁量労働制の拡大」に取り組んでいた。政権発足直後に提言した「アベノミクス/三本目の矢」=規制緩和などにより投資を喚起する成長戦略のために、労働分野における岩盤規制の緩和策として労働時間規制の緩和を目指し、「高プロの創設」と「裁量労働制の拡大」を提言してきたのである(ここでは、「時間外労働の上限規制」は取り上げられていない)。二〇一五年四月三日には労働基準法改正案として両制度は国会にも提出されたが、野党などからの激しい反対、とりわけ安倍政権が後に掲げた長時間労働是正を目指す「働き方改革」と真っ向から矛盾するものだとの批判をうけて、一度も審議入りできないまま、二〇一七年九月二八日に廃案となっているのである。

他方、安倍政権は二〇一六年秋から「働き方改革」を掲げて動きだした。ここでは、長時間労働の是正を中核に据えた、「時間外労働の上限規制」を提言するようになった。「時間外労働の上限規制」は、過労死ラインを超える規制上限時間を容認するものだとの批判も労働側から根強かったため分かりにくいが、あくまでこの部分の法的位置づけは、労働時間の規制強化だ（「過労死合法化」というネーミングは適切ではないだろう）。仮に過労死ラインを容認する数値設定となったとしても、これは規制の程度が弱いという、規制の強弱の問題に過ぎない。何より、これまで何ら時間外労働時間の上限規制がなく放置され（青天井）、数多くの企業で現実に過労死ラインを超える三六協定が締結されている現状からすれば、新たに規制を作り出す規制強化である点は変わらない。

そんな「働き方改革」のメニューに、従前から提起されていた「高プロの創設」と「裁量労働制の拡大」という規制緩和策が含まれることになったのは、議論の最終盤（二〇一七年三月二八日「働き方改革実行計画」が出されたとき）になってからである。長時間労働是正を目指す「働き方改革」においては議論されるはずもなく、一貫して蚊帳《かや》の外だったのにもかかわらずだ。その後、安倍政権は長時間労働是正を錦の御旗にして「働き方改革」を実現すると宣伝をするが、実際には長時間労働是正と正面から矛盾する「高プロの創設」と「裁量労働制の拡大」が強引に一括法案に組み入れてもいる（衆議院解散により同年九月二八日に廃案）。

全体の流れを総括すると、安倍政権の長時間労働是正を目指す「働き方改革」においては、当初は矛盾する規制緩和策の「高プロの創設」と「裁量労働制の拡大」は含まれていなかったのに突如「働き方改革」のメニューに取り込まれたため、「働き方改革」に労働時間規制緩和の制度が含まれる点が見えにくくなっているのである。

この政治手法は、世間の「働き方改革」（＝長時間労働の是正）のイメージが固まってから、こっそりと毒薬を忍び込ませようとする、有権者を馬鹿にした姑息なやり方といえよう。長時間労働是正を目指すとされた「働き方改革」の一括法案の中に、こっそりと真逆の規制緩和策である裁量労働制の拡大を取り込む狙いは、世間の注目を集めぬうちに成立を目論むことにある。不誠実極まりない政治手法を許さないためにも、労働側の関係者は、法案の中身（とりわけ分かりにくい裁量労働制の拡大）についてきちんと理解を深める取り組みが求められている（表２－１参照）。

高度プロフェッショナル制度

本書の中心テーマは裁量労働制であるが、裁量労働制と同時に提言されている高度プロフェッショナル制度についても簡単に触れておきたい。裁量労働制の拡大と同時に提示されている高プロを理解することで、裁量労働制の拡大が労働時間規制の緩和策であることが明確になるし、高プロに対するデマゴギーが経済界が望む本命の制度（裁量労働制の拡大）の隠れ蓑《みの》として利用されているからだ。

表 2-1 「働き方改革」における規制強化と規制緩和

	労働時間規制との関係	当初の位置づけ	法案の動き
時間外労働の上限規制	規制**強化**	「働き方改革」(長時間労働是正)	◇ 2017 年 9 月 15 日，一括法案として法律案要綱作成.
裁量労働制の拡大	規制**緩和**	アベノミクス第三の矢(労働分野の規制緩和)	◇ 2015 年 4 月 3 日に労基法改正案として提出(審議入りせず 2017 年 9 月 28 日廃案). ◇ 2017 年 9 月 15 日，一括法案として法律案要綱作成.
高度プロフェッショナル制度			

高プロを単純化すると、高年収等の要件をクリアする一定の対象者に対して、現行制度上のあらゆる労働時間規制を取り払う制度だ。実体的な制度(本人同意などの手続き部分を除く)を大まかに分けると、(i)適用対象者を設定して、(ii)適用対象者に対して生じる効果を定め、(iii)その場合の健康確保措置を設ける、という三本柱だ。

まず、この(i)適用対象者は、平均年収の三倍の額を相当程度上回る水準であり、具体的には一〇七五万円以上とされている。年収一〇〇〇万円以上の対象者の問題だから、「それだけ貰ってたら、残業代なんて求めるなよ」とか「私には関係ない」(=他人事)というのが、多くの方の素朴な感想であろう。しかし、この「高プロ制度」がいったん作られてしまえば、すでに制度の枠組みが作られている以上、基準引き下げを行うのは現実には容易で、狙いは「小さく産んで大きく育てる」ことで足りる(当面、この制度による効果は求めない)

点にあるといえよう。実際、この制度導入を目指して法案提出をした塩崎恭久厚生労働大臣(当時)は、二〇一五年四月に日本経済研究センターにおいて、経済界から適用対象者が高年収者に限られているという不満が出されているのに対して、「それはちょっとぐっと我慢して頂いてですね、またとりあえず通すことだと言って、合意をしてくれると大変ありがたい」(ブラック企業被害対策弁護団ホームページより)と述べている。

次に、(ii)適用対象者に対して生じる効果は、労働時間に関するあらゆる規制(労働基準法が定める労働時間、休憩、休日および深夜の割増賃金に関する規制)すべてを適用しないという、劇的なものだ。要するに、残業代も休憩も三六協定もすべての規制を取っ払うのが、この高プロである。であるから、この制度は紛れもない「残業代ゼロ法案」であり、一部論者の「残業代ゼロ法案とレッテル貼り」であるなどという言説は、制度実態を踏まえれば的外れだ。

この高プロの適用により、例えば、一日二四時間・二四日間連続勤務(休日も休憩も一切なし)であっても、使用者は労働者に業務を命じ得ることになる。

また、この制度が適用されると三六協定も適用除外となるし、一括法案で同時に審議される労働時間の上限規制が導入されても、上限規制の保護は及ばない。上限規制があるなら長時間労働は防げるのでは、という理解は誤りだ。

他方で、政府は以下の健康確保措置が設定されていることを金科玉条のように取り上げて、制度導入を推進しようとしている。具体的には以下の通りである。

【義務的なもの】

Ａ　使用者による労働時間（「健康管理時間」）の把握
Ｂ　年間一〇四日以上かつ四週間を通じ四日以上の休日付与
【いずれか一つの選択的な義務】
Ⅰ　勤務間のインターバル規制（法律に数値は定めず）と深夜業規制措置
Ⅱ　一定の労働時間上限規制（法律に数値は定めず）
Ⅲ　年一回以上・二週間の継続した休日付与
Ⅳ　健康診断実施

まず、【義務的なもの】として、Ａは当然のことであり、Ｂでは過労死・過労自死は防げない。閑散期にまとめて休日を取らせてしまい、繁忙期に業務を集中させることも可能となる。例えば、四週間（二八日）のうち四日休日があれば良いので、二四日連続勤務・二四時間勤務・休憩無しも適法となる。

次に、【いずれか一つの選択的な義務】については、どれか一つやれば良いのがポイントだろう。あたかもこのⅠ～Ⅳすべてが求められるかのような説明は誤りだ。

その場合、多くの使用者が、圧倒的に負担の少ない「Ⅳ　健康診断実施」を選択するのは、間違いないだろう。長時間労働の労働者への健康診断実施では過労死・過労自死を防げないことは、現行の労働安全衛生法でも、過重労働者に医師の面接指導の実施が義務づけられていても健康被害が防止できない現状から明らかだ。

このように、高プロは、その効果が労働時間規制の緩和であることは隠しようもないほど明白で、健康確保措置の不十分さを踏まえれば、極めて危険な制度だ。だからこそ、労働側が「残業代ゼロ法案」と言ったときに、裁量労働制の拡大は念頭に置かれず、高プロが着目されがちだ。とはいえ、高プロは適用対象者が少なく、現在は高年収者に限定されているため、多くの労働者に直接の影響がない。そのため、裁量労働制の拡大という本丸を包み隠してしまい、高プロがその隠れ蓑として機能しているのだ。

3　企画業務型裁量労働制の拡大

拡大の危険性

改めて述べるが、あまり知られていないがこの裁量労働制こそ、残業代による労働時間規制緩和を狙う経済界の大本命だ。端的にいえば、裁量労働制拡大が実現すれば、ほぼすべてのホワイトカラー労働者へ残業代ゼロ・働かせ放題が可能となるほど、働き方に与える影響は大きい。

その危険性の根拠となる特徴を端的に示すと、①裁量労働制には年収要件を問わないこと、②適用対象者の規定が曖昧で対象が広いこと（ほぼすべてのホワイトカラーが対象たり得る）、③労働時間管理が曖昧になること、④現在も長時間労働の温床になっていること、⑤上限規制の対象とならないことであろう。

にもかかわらず、高プロばかりが注目され、裁量労働制の拡大には世論の注目が集まらないこと自体、政府の戦略通りで極めて危険だ。

企画業務型裁量労働制

前述の通り、二種類ある裁量労働制のうち、「企画業務型」の拡大が狙われている。

この「企画業務型」裁量労働制は、企業の中枢で企画・立案などの業務を自律的に行うホワイトカラー労働者を対象としている。しかし、現在はまともに適用して利用しようとすれば適用対象が厳格に絞られていることから、使用者側にとっては「使いにくい」と評判が悪い制度だ。だからこそ、大幅な要件緩和が画策されたのである。

適用対象拡大の説明

この企画業務型裁量労働制とは、事業運営上の重要な決定が行われる企業の本社などにおいて企画、立案、調査および分析を行う労働者を対象とする制度だ。採用できる事業場は事業運営上の重要な決定が行われる企業の本社などに限られ、制度導入には労働者本人の同意のほか、細かい手続き要件も課されている。

このような企画業務型裁量労働制に対して、以下の二類型を加えるのが今回の改正だ。

①事業の運営に関する事項について繰り返し、企画、立案、調査及び分析を主として行うとともに、これらの成果を活用し、当該事業の運営に関する事項の実施状況の把握及び評価を行う業務（ＰＤＣＡ型業務）

②法人である顧客の事業の運営に関する事項についての企画、立案、調査及び分析を主として行うとともに、これらの成果を活用し、当該顧客に対して販売又は提供する商品又は役務を専ら当該顧客のために開発し、当該顧客に提案する業務（課題解決型提案営業）

①は、ＰＤＣＡ型業務で、事業運営に関する企画、立案、調査、分析を主として行う者が対象となる。用語は極めて曖昧でその解釈は難しいが、何らかの企画に関する業務を管理する立場にあれば良いとの解釈が可能で、明確な限定がない。主として行う者であればよく、企画業務への強い専業性も求められていない。

そして「事業の運営に関する事項」とは、チーム単位の企画も含まれると考えられており、チーム単位の企画実施状況を「把握」して「評価」する立場の者であれば、「係長」や「チームリーダー」程度の者まで含まれてしまう。しかも、法理論上は裁量労働制は雇用形態や年収の制限もなく、契約社員や最低賃金で働く労働者でさえ適用されうる（二〇一八年二月六日、政府閣議決定）。

したがって、事業運営にある程度の関与があるという名目で、あらゆるホワイトカラー労働者がこの適用対象に含まれると扱われる可能性がある。

②は法人への営業職の課題解決型提案営業である。これまでなかった営業職へ裁量労働制を導入するという、新たな制度だ。

課題解決型提案営業というと難解だが、要は、法人を相手とする営業職がすべて含まれると考えて良い。法人相手の営業職であれば、何らかの形で顧客事業の運営に関する企画、立案を行っており、法人相手の営業はすべて適用対象になると考えられるからだ。このタイプも、法律の定める要件は極めて曖昧で、企画、立案、調査、分析について強い専従性は求められていない。業務の一部に何らかの企画、立案、調査、分析がかかわるのであれば、法人相手の営業職は、すべて裁量労働制の対象とされると考えて良いだろう。

残業代不払い合法化の狙い

経済界がこのような裁量労働制拡大を狙う意図は、残業代請求訴訟に関する判例動向を踏まえると明確になってくる。

まず①ＰＤＣＡ型業務の裁量労働制の想定する適用対象者は、現在管理職として残業代ゼロとされている労働者だ。現状でも多くの職場では、一定の管理職(課長職・部長職など)以上の労働者を労働基準法上の管理監督者として扱い、残業代をゼロとしている。他方で、判例の管理監督者に対する法解釈は極めて厳格で、経営者と一体的立場にあるような場合に限り管理監督者に当たると認めている。そのため、残業代ゼロ扱いされている管理職について、使用者は労働者から請求されたら残業代ゼロを合法化できず敗訴する、重大な法的リスクを負っている。そして、この法的リスクについて、経済界は良く理解している。したがって、経済界は管理監督者による残業代ゼロに代わる新たな制度を切望しており、これがＰＤＣＡ型業務の労働者を対象とする裁量労働制の拡大の狙いなのだ。

また、②法人への営業職の課題解決型提案については、営業職の「事業場外みなし労働時間制」や固定残業代制度(残業代の定額払い制度)に対する判例動向を踏まえれば、そのターゲットが見えてくる。現在「事業場外労働のみなし労働時間制」(労基法第三八条の二)やいわゆる固定残業代制度の悪用によって残業代ゼロとされている労働者がターゲットであり、これら労働者は、定額の営業手当で残業代を支払ったことにされてしまい、現在も残業代ゼロの扱いを受けている労働者だ。

まず、「事業場外みなし労働時間制」とは、外勤業務で事業場から離れて就労する労働者は使用者が実労働時間把握が物理的に困難であり、一定の時間働いたと「みなし」てしまう制度だ。労働時間規制を緩和する制度としては、裁量労働制と同じ法的位置づけとなる。

これまで、外回りをする営業職に対しては「事業場外みなし労働時間制」適用により残業代ゼロ(=「みなし」部分の支払いで許される)となるケースが多くみられた。しかし、これが適法とされるには「事業場外」で働いている(例:外回りの多い営業職)だけではダメで、「労働時間を算定し難いとき」でなければならない。しかし、技術革新が進んだ現在は「事業場外」でも使用者による労働時間管理は容易で労働時間の算定し難いケースはほとんどなく、「事業場外みなし労働時間制」が適法となるケースは少ない。

そんな中、営業職の残業代ゼロを合法化するため、固定残業代制度が実務で多用されている。しかし、この固定残業代制度についても、数多くの裁判例で固定残業代による残業代不払いを否

表2-2　新たな労働時間上限規制の緩和の枠組み

	年収要件	対象者	労働時間上限規制の適用	効果
高度プロフェッショナル制度	1075万円以上	少ない	無し	すべての労働時間規制を免れ，三六協定も不要.
企画業務型裁量労働制拡大	無し	多い（ホワイトカラーをほぼ網羅）	無し	一定時間働いたとみなす制度（何時間働いても「みなし」時間で残業代は「みなし」払い）. ＊「みなし」に対応した三六協定は必要. ＊休日・深夜労働の割増賃金払いについては実労働時間で支払い義務あり.

定するケースが多く、判例上は適法となるケースは極めて限定されている。つまり、固定残業代制度を利用して残業代を払わないと、裁判では違法になる可能性が濃厚なのだ。

こういった実情から、営業職の残業代ゼロを合法化しようというのが、法人への営業職の課題解決型提案という裁量労働制拡大なのだ。

このように、実際の適用対象者を想定してみると、経済界が、現在グレーな運用を行っている制度（裁判では他の制度を悪用した残業代ゼロが否定されるリスクのある類型）について、裁量労働制の適用対象を拡大して合法化しようとする本当の狙いが明らかになる（表2―2参照）。

4　実際の運用状況

労働政策審議会へ提出された資料によれば、企画業務型裁量労働制の平均みなし労働時間を八時間以下に設定する事業所が五割以上であるのに対して、平均実労働時間が八時間以上一二時間以下である事業所が七一・九％、最長実労働時間が一二時間を超える労働者が存在する事業所が四五・二％も存在している。また、同制度の適用を受ける労働者で最も多い不満は「労働時間が長い」、ついで「業務量が過大」で、現在制度を適用されている労働者の多くが、「みなし」時間を超えた長時間労働に不満をもっていて、(制度設計上は与えられるべき)裁量がないまま過大な業務量に苦しんでいることが分かる。本来、こういった「裁量がない裁量労働制」は不適法であり、きちんと残業代が実労働時間で払われなければならないケースである。

にもかかわらず、労働時間が「みなし」適用となるため、実際の労働時間が適切に把握されていない職場が多く、違法な運用を事後的に検証することも困難だ。これを端的に示すのは、企画業務型裁量労働制に関する裁判例が見当たらないことだ。適法に運用されているわけではないことは、近時ようやく労働基準監督署の是正勧告事案(野村不動産、損保ジャパン日本興亜など)が報道されたことからも明らかなのに、司法による判決で違法性が示され、残業代不払いの是正が世間に周知されるケースも見当たらない。

このように、ブラックボックスとなっている現状も要因となり、企画業務型裁量労働制の職場は長時間労働の温床となっているので、必要な法改正とは規制緩和ではなく、規制強化に他ならない。

5　どう改正すべきか？

では、具体的に、企画業務型裁量労働制についてどんな規制強化がなされるべきか。

❶まず必要なのは、労働時間について労働者に裁量がないのに裁量労働制を違法に適用されているケースについて、残業代ゼロ扱いを是正させる規制である。

今でも、本来は裁量労働制が適用されるべきではないのに違法な「みなし」による残業代ゼロ扱いがあれば、実労働時間に対応した残業代を支払うべきと法令を解釈できるが、そういった実務運用はあまりみられない（だからこそ、企画業務型裁量労働制に関する残業代未払いの裁判例も存在しない）。そうであれば、裁量労働制が違法に適用された場合には、実労働時間に即して残業代が支払われることを法令にも明記をし、違法な運用に対する警告を発するべきだ。

❷その上で、ブラックボックスとなっている労働時間を実労働時間で適切に把握するように、使用者に法的義務を課すことが必要だ。実労働時間が把握されなければ、長時間労働が蔓延する「みなし」時間の弊害が明らかとはならない。裁量労働制であっても、労働者の健康確保の第一歩である労働時間管理が必要なのは明らかだし、物理的にも可能だ。

具体的な実労働時間把握義務を明記した上で、違反した場合の制裁として、刑事罰だけでなく、企業名公表を法令上明記して制度化すべきだろう。労働基準法の定める罰金は他の規定とのバランスなどから上限額には事実上限界があり、残業代ゼロで利益を上げた企業（とりわけ大企業）には痛みは少ない。しかし、労働法令上の違法があったことが報道される、求職者などが調べれば分かる企業名公表の制度は、社会的評価の低下を避けたいと考える企業には大きな効果がある。

❸さらに、「みなし」時間と❷によって明らかとなった実労働時間との乖離が著しく、「みな

し」時間よりも長時間労働が常態化している場合には、裁量労働制の「みなし」の効果を否定することを法令に明記する改正も必要だ。現状で数多く見られる、実態とは乖離した「みなし」時間を放置することは、残業代ゼロ合法化制度を容認することに他ならない。こういった運用は、裁量労働制の本来の狙いとも異なるもので、取り締まれるような法令の整備が必要だ。

6 労働組合への期待

それでは、企画業務型裁量労働制について、労働組合に期待される役割はないか。

まず企業別組合に対する期待は、安易に導入に賛成しないことだ。企画業務型裁量労働制については、導入時の手続き要件として、労使委員会等の決議・届け出が求められるので、労働者側委員等を通じて意見を反映することもできる。

そして導入する場合の決定事項として特に重要なのは、「みなし」時間の設定だ。使用者が裁量労働制を悪用する狙いは残業代ゼロ合法化であるから、実際の労働時間よりも過少な「みなし」時間を導入しようとするケースがほとんどだ。この点について、きちんと実情を踏まえた設定をするように求めることが安易な導入阻止のためにも必要であるが、そのためには職場全体の労働時間の実態を把握しうる立場にある労働組合の力は不可欠だ。

また、仮に現行制度上の裁量労働制が導入された場合でも、労働組合は当該労働者の実際の労働時間を適切に把握することが求められる。この適正把握がなされなければ、職場で長時間労働の実態があったとしても放置されかねない。この点は、たとえ少数派の労働組合であっても、裁量労働制の労働者の協力を得られる立場でありさえすれば、実現可能だ。こういった労働組合による労働時間把握による監視は、裁量労働制に限らず、すべての労働者の長時間労働是正のために必要な第一歩でもある。

こういった取り組みには、派手さはないかも知れないが、低迷が叫ばれる労働組合の復権のためには極めて重要だろう。労働組合の社会的認知度・好感度を向上させるためには、労働者に切実で身近な悩みに寄り添い、労働組合が役に立つ存在であることをそれぞれの職場で実践していくことが一番だ。その意味では、長時間労働是正の第一歩である労働時間の適正把握に労働組合がかかわっていくことの意味は大きいといえよう。真の「働き方改革」は、労働組合の力で実現して欲しいと願っている。

第3章　裁量労働制の何が問題か？

今野晴貴

第1章で述べたように、裁量労働制には、①適用の手続き、②どのような労働者に裁量労働制が適用できるのか（裁量の有無、程度）、③みなし労働時間と実労働時間の乖離、の三重にグレーゾーンが広がっている。

本章では、裁量労働制がその「グレーゾーン」を悪用され、すでに「普通の労働者」に対して適用されている様子を、NPO法人「POSSE」に寄せられた労働相談や、過労死・自死・鬱事件の裁判例を通じて紹介していこう。

裁量労働と過労死

はじめに、労働時間と賃金の関係が切断されることで最も憂慮される、労働者の健康問題について見ていこう。

■証券アナリストの過労死

二〇一三年七月、裁量労働制を適用されていた証券アナリストの男性（当時四七歳）が心疾患で亡くなり、二〇一五年三月に労災認定された。

彼の業務は債券市場の動向を分析し、顧客にリポートを発信するというものだった。遺族側が、リポートの発信時刻や同僚の証言などから労働時間を割り出したところでは、業務内容は以下の通りであった。

毎日午前三時頃に起床して海外市場の動向を分析し、午前六時頃に出社して、第一回の顧客向けリポートを午前六時四〇分頃に発信する。その後、一七時半までに毎日三〇以上の顧客向けリポートを送り、退社は一八時半頃となる。これだけの長時間労働にもかかわらず、「他の従業員より早く帰るな」と注意されたり、高熱でも出勤を命じられたりしていたという。亡くなる一カ月前の時間外労働は一三三時間、発症前二〜六カ月は月平均一〇八時間であった（厚生労働省が定める「過労死ライン」は、月に八〇時間の時間外労働である）。

■システムエンジニアの過労うつ

二〇〇四年二月、専門型裁量労働制を適用されていた江東区のシステムエンジニアの男性（当時二〇代）が、過労による精神疾患に罹患し、労災認定をされている。

彼は金融機関向けの新規システム開発を担当していたが、プロジェクトチームとしてチーフの管理下で労働時間の配分が行われていた。また、管理者による進行管理、作業内容の具体的指示、参加が不可欠な打ち合わせ会議なども行われており、業務には裁量がなかった。こうした理由から、東京労働者災害補償保険審査官が、裁量労働制が無効であると二〇一三年に認定している。なお、精神疾患を発症する直前の一カ月の時間外労働は月一二三時間に及んでいた。

いずれのケースも、裁量労働制でありながら、精神や身体を破壊されてしまうほどの長時間労働をさせられており、また、上司から指示を受けるなどして、裁量が事実上認められていなかった。「普通の労働者」への裁量労働制が過労死に密接に結びつくことがよくわかるだろう。

過労死を促進する裁量労働制

一方で、裁量労働制は過労死の証明自体を難しくさせるという、より深刻な危険を有している。厚生労働省によれば、裁量労働制が適用された労働者で、過労で労災認定された数は、二〇一一年三人、二〇一二年一五人、二〇一三年一五人、二〇一四年一五人、二〇一五年一一人、二〇一六年二人である。うち亡くなった（自殺未遂も含む）のは、二〇一二年四人、二〇一三年二人、二〇一四年二人、二〇一五年五人となる。

一見すると、裁量労働制の過労被害は少ないかのように見える。だが、この「労災認定件数の少なさ」は、むしろ、裁量労働制の危険性をうかがわせるものである。それというのも、労働災害認定件数は、「実際の過労死の数」を表す数ではなく、行政に申告され、疾患と労働の因果関係が証拠によって確定した件数であるからだ。

裁量労働制が適用されている場合には、通常よりも「証拠」の壁が厚く、問題として発覚していない可能性が高いのだ。それは、言い換えるならば、企業が過労死・自死・鬱を引き起こしたとしても、格段に社会からのペナルティーを受けにくいということである。

裁量労働制の過労死・自死・鬱が認定されにくい理由は、第一に、会社が出社・退社時間を記録していないことが多いためだ。このため、過労死・過労鬱の認定の根拠となる労働時間の証拠を集めることは、ただでさえ困難であるものが、より一層難しくなってしまう。

もちろん、裁量労働制であっても深夜労働や休日労働の分は割増賃金を払わなくてはならず、また、経営者は健康・福祉確保措置を図るように定められているため、労働時間の記録をとることは本来必要となるはずである。

しかし、実際には、裁量労働の適用される労働者には労働時間を指示してはならず、残業代が発生しないため労働時間を一切把握しなくてよいと考え、記録をとらない経営者が少なくない。

また、厚生労働省は、通達やガイドラインによって、「労働者の労働日ごとの始業・終業時刻を確認し、適正に記録すること」を定めている。しかし、このガイドラインからは、裁量労働制が排除されている。つまり、裁量労働制の場合は労働時間の把握をしなくてよいかのように、厚労省自身が誤解を与えている。

裁量労働制が労働災害認定を難しくする第二の理由は、被害者側が在社時間を証明したとしても、その時間に労働をしていたことを証明しなくてはならないことにある。この問題も、裁量労働制に限ったことではない。会社が残業代や労災を求める労働者側に対して「会社にいたが、働いてはいなかった」と主張するケースは珍しくはない。

だが、裁量労働制の場合には、出勤・退勤時間が自由であるだけでなく、会社にいる時間に必ずしも労働をしなくてもよいことが制度の趣旨となる。このため、出勤時間から退社時間の間は「実労働時間」ではなく、単なる「在社時間」に過ぎないとされ、労働と過労死・自死・鬱との因果関係がより証明しづらくなってしまうのだ。

証明しがたい過労の事例

少し古いが、裁量労働制であることによって、過労死が争いづらくなる経緯がよくわかる事例を見ていこう(いずれも過去に公表されている文献を参考にした)。

■光文社の女性誌編集者の過労死事件

一九九七年、入社しておよそ一年四カ月の二〇代半ばの男性が、自宅で心疾患により亡くなった。本件は、裁量労働制が適用された労働者について、初めて過労死が認定された事例である。

彼は週刊誌『女性自身』で、グルメなど読者が関心をもつテーマの情報を掲載するグラビア欄を担当していた。同居していた両親によれば、毎日深夜二~三時に、金曜日は徹夜で明け方に帰ってくるような長時間労働だったという。さらに、「読者調査」という業務を土曜日・日曜日に行っており、二〇代の読者層の働いている女性に会って、関心をもっていることについてヒアリングを行い、一~二カ月先の特集を社内で議論するためのレポートにまとめて月曜日の会議に提出していた。平日は雑誌を製作する業務があるうえに、休日は読者へのヒアリングを行うため、休みはなかった。遺族側によれば、月三〇〇時間以上の長時間労働だったという。

しかし、担当弁護士によれば、労働基準監督署は当初、「裁量労働制なので自分で勤務時間を工夫できたはずである」などとして労災申請を却下したという(その後、労災の不支給決定の取り消しを求めていたが、二〇〇一年一二月に厚労省によって脳・心疾患の労災認定基準自体が新しくなり、翌月労災が認定された）。

裁判においても、会社は土曜日・日曜日に仕事をするように会社が言ったわけではないと反論した（後に業務命令だったと認めている）。また裁判中、会社は被害者の労働時間について、拘束時間は長いが、休憩時間があったりソファに寝転んだり、テレビを見たりという時間もあるとも反論し、「裁量労働制であり、会社の具体的指示による長時間労働でない」との姿勢だったという。

結局、この事件は元同僚、上司、友人、家族などの証言もあり業務が過密であることが認められ、判決直前に会社側が和解勧告を受け入れ、責任を認めて和解金の支払いをすることとなった。

※本事件については、川人博「最新労働判例解説　裁量労働制の過重労働による過労死と損害賠償　光文社事件（東京地裁平成15・3・7）和解成立を契機として」『労働法学研究会報』二〇〇三年七月二〇日号を参照した。

■小松製作所のレーザー開発担当者の過労自死事件

一九九九年、建設機械大手の小松製作所のレーザー開発部門に勤務していた三四歳の男性が、自宅マンションの一〇階から飛び降りて亡くなった。

彼の業務は、当時世界最先端のレーザー装置の製造であったが、関連技術を一つのシステムにまとめあげる全体の統括であった。業務はそれだけでなく、コスト管理や部品納入業者との交渉・折衝、営業活動、顧客からの苦情対応、研究グループ内の取りまとめにまで及んでいた。

亡くなる三カ月前、彼は顧客企業からの大型レーザーの開発・製造を受注している。顧客企業からは細微な部分についてまで指摘や苦情があり、製品の納期については上司が顧客の言うままに設定してしまいがちだったため、彼の負担は大きなものとなっていたという。

亡くなる五日前に、被害者は納期を目前にして上記の顧客企業から製品内容の修正を依頼されていた。さらに、必要部品の納入が遅れることがわかり、納期が間に合わない見通しになったという。この対応のため、亡くなる前の最後の出勤日二日間の終業は、二日連続で深夜二時、三時すぎまで及んでいた。

彼の一日の労働時間は一二～一八時間に及び、死亡前一カ月間の労働時間は、一日八時間のみなし労働時間を、一二〇時間も超過していた。このように、彼に労働時間の裁量がなかったことは明白である。また、上記の顧客企業との取引について複数の上司から「お前が何か怒らせることを言ったんだろう」などと強く怒鳴られたことも心労になっていた。

同事件は二〇〇二年に労災が認定され、二〇〇三年には遺族が会社を相手取って、裁量労働制による過労自死については初めてとされる損害賠償訴訟を起こしている。労災認定後も、会社側は「自分の裁量で仕事のやり方や労働時間を決めることができた。長時間労働を強いてはいない」と主張していたという。その後、裁判は二〇〇六年に和解に至っている。

※本事件については「過労死に倒れた人々（第一三六回）過労自殺　裁量労働下で心身病み　三四歳研究員」『ひろばユニオン』二〇〇五年六月号、雨宮処凛『生きさせろ！』を参照した。

これらの事例は、「裁量労働制」の制度趣旨自体がいかに過労死の実態把握を困難にし、なおかつこれを「自己責任」の形式に落とし込んでしまう危険があるのかをよく表している。また、いずれの事例からも、勤務時は裁量労働の実態をなしておらずとも、裁判になると裁量労働制は企業側の「盾」として利用されることが示されている。

新卒、最低賃金以下でも「裁量労働」

労働相談の現場では、「普通の労働者」どころか「弱者」とさえいえる労働者に対して適用される事例も後を絶たない。次の相談事例は、そうした問題が凝縮している。

■ホームページ制作会社の事例

小規模ホームページ制作会社に勤めている二〇代の男性は、大学院卒の新卒採用だったが、当初から裁量労働制が適用されている。裁量労働制の適用には本来、五年程度の職務経験が必要とされるが、職務経験をもたない者に適用することが明確に禁止されているわけではないからだ。

業務内容は、パワーポイントの制作やテープ起こしなど、「雑用」が多く含まれていた。これらは勤務期間中、日報を毎日つけて会社に提出していたため、「雑用」の詳細や従事した時間も正確にわかる。しかし、会社側が「ホームページ制作の業務に関わる」と主張したことで、労基署はこれらを示しても、過去の裁量労働制について無効とは判断しなかった。

そもそもホームページ制作が専門業務型の一九の対象業務のどこに入るのかは自明ではない。まして「雑用」のどこまでが「対象業務」であるのかはまったく判然としない。労基署もそうした判断を避けているものと見られる。行政にとってもいかに「対象業務」が曖昧で、グレーゾーン化しているのかがよくわかるだろう。

労基署に届けられる協定には適用業種を明記する必要はなく、労働者も、届け出を受けた監督署も、具体的にどの専門業種についていることが裁量労働制の適用の理由であるのかは認識できない。つまり、裁量労働制を適用することが適正か否かは、「争いになって初めて審査される」ということだ。まさに、グレーゾーンである。

さらに、この事例では、求人票によれば、一日の労働時間は八時間。「基本給」は一〇〜一四万円で、「職務手当」が五万円前後発生する（平日の日数によってこれらの金額は変わる）。四月の「基本給」は約一〇万円で、時間給に換算すると、現地の最低賃金以下になっていた。

このように、法律によって適用可能な業種が制限されているにもかかわらず、その内実は決して真に裁量を有している労働者への限定を実現してはいない。

「好待遇」ではない裁量労働制

こうした内実の問題は、待遇面でも明白に表れている。本来、裁量労働は専門的な業務や業務の企画・運営にかかわる業務であり、その報酬も高額であるはずだ。しかし、実際の裁量労働制適用者の賃金が高いとは言えない。表3―1はハローワークのインターネット求人検索を用いて、裁量労働制の給与額を調べたものである。

月給二〇万円未満のものが全体の六七％をも占めており、二五万円以下で全体の九〇％にのぼる。裁量労働制の実態は、高度に専門的な能力を生かす「強い労働者像」とはかけ離れていると言わざるを得ない。

普及する「脱法」としての「利用法価値」

このような低賃金の実態は、次のような「脱法」を企図した運用を見れば、さらに深刻であることがわかる。

表 3-1　求人情報における裁量労働制の給与額の割合

基本給	件数	全体の割合(%)
10 万円から 14 万 9999 円	3	7
15 万円から 19 万 9999 円	26	60
20 万円から 24 万 9999 円	10	23
25 万円から 29 万 9999 円	3	7
30 万円以上	1	2
計	43	—

出所）ハローワークインターネット検索求人情報，2018/1/12　15:20 検索．一般(フルタイム)，東京都，検索ワード「裁量労働」「基本給」の最低金額で集計．

■ゲーム制作会社の事例

三〇〇人規模のゲーム制作会社に勤めている三〇代の女性は、専門業務型裁量労働制を適用され、基本給二三万七〇〇〇円・裁量労働手当七万九三八〇円(四五時間分)、一日のみなし時間は一〇時間八分に設定されていた。ところが、実際の残業時間は月に五〇〜八〇時間にのぼり、休憩が取得できなかった分を合わせれば、最大月一〇〇時間に達していた。

ゲーム制作は携帯ゲームの普及に伴って、急速に拡大している業態であるが、ここに裁量労働制の適用が広がっている。「ゲームの創作」については、専門業務型の一九対象業務の一つに指定されているが、専門業務型はあくまで「ゲームの創作」にしか認められていない。ところが同社では、イベント開催などゲームのプロモーション業務、商品企画などの「宣伝業務」にまで拡大解釈し、適用されていた。ここでも「業種」の曖昧さがグレーゾーンとなっている。また、彼女は午後や夕方以降の出勤をしていたこと、そのことで他社とのミーティングに影響が出たことなどを理由として、退職勧奨を受けている。裁量労働制であれば、勤務時間は自由であるはずだが、実際はそれが規律違反とされ、退職勧奨の理由にされてしまっていた。

さらに、同社では、「裁量労働手当」という名の固定残業代が四五時間分設定されていた。みなし労働時間は一日一〇時間八分であるから、一日二時間八分が時間外労働となる。月の労働日数はおおよそ二〇日であるとすれば、概ね固定残業代の四五時間以内に収まるという計算で設定したと推測される。

第1章で述べたように、固定残業代は近年残業代不払いの脱法的手段として広がりをみせてきた労務管理の技術であるが、最高裁判所の判例や職業安定法改正によって、その利用は制限されつつある。そこで、こうした固定残業代に加え、裁量労働制を重複して取り入れる企業が増えているのだ。

紙幅の関係で詳細は紹介できないが、固定残業代が違法であることが指摘されて裁量労働制を導入したケースなど、この手の「残業代不払いの技術」と重複して裁量労働制が用いられているケースは枚挙にいとまがない。

本来、裁量労働制は労働時間で成果を評価するのがなじまないために導入されたはずである。

労働者は自らの裁量を生かし、効率的に働くために、通常の労働者よりも労働時間が短くなるとも主張されてきた。にもかかわらず実際の運用においては、明白に「不払い残業の正当化」（好意的に見ても「時間外残業の手当額相当」）である固定残業制と並列の運用がなされている。このような運用実態からは、単純に裁量労働が「残業代対策」に用いられていることがよくわかるだろう。

これらの手法は多くの労働相談に共通しており、社会保険労務士をはじめとする労務コンサルタントの業界に「ノウハウ」として広がっていることが推察される。つまり、適用業種や、みなし労働時間と実労働時間との乖離の法的評価が曖昧な中で、まさに、そのような「グレーゾーンの利用」に脱法的な価値が見いだされているということだ。

裁量があっても、立場は「弱い」

最後に、ある程度は実際に裁量があるにもかかわらず、過重労働に陥ってしまった事例を紹介しよう。

■大手広告代理店の系列ウェブデザイン会社の事例

大手広告代理店の系列ウェブデザイン会社で働く二〇代の女性は、裁量労働制を適用され、所定労働時間が七時間、みなし労働が九時間とされた。タイムカード上では多くて月三〇～四〇時間程度の残業時間だが、客の都合で、二二時くらいまでの勤務が月数回あり、持ち帰り残業の指示やメールでの深夜仕事（〇時、一時すぎ）もこなしている。

月給は二〇万四〇〇〇円＋八万二〇〇〇円（月四五時間の固定残業代）であり、決して「高待遇」とはいえないが、それでも、本人は裁量労働制に一定の理解を示している。通常は出勤時間や退勤時間については裁量があり、みなし労働時間より少なく勤務している日がしばしばあるからだ。だが、コンペや納期が近くなったり、急な依頼が入ったりすると、たちまち深夜まで持ち帰り残業をせざるを得ない状況になる。電通事件の影響で、二二時以降まで職場に残っていることが禁止された結果、こうした繁忙期の業務は持ち帰り残業にならざるを得ない。それも、一名だけで作業するのではない。

ＩＴの発展により、複数名でＳＮＳ、チャット、メール、ファイルのアップロードサイトなどを利用して、画像を共有したり、指示を受けたりしながら、一緒の空間にいなくても作業の進捗を確認してデータの作成をすることができ、そのような持ち帰り残業が深夜、休日などに労働時間の記録に残らない「隠れ残業」という形で行われていた。もちろん、深夜手当や休日手当は払われていない。

コントロールできない業務量

裁量労働制は、遂行方法や時間配分を労働者が決定できる制度である。こうした裁量が実際に備わっている場合、労働者は勤務時間を自ら選ぶことができる。このような制度は労働者の自由を増すものであり、労働の能率を上げることにも寄与するだろう。

しかし、この事例からわかるように、それは労働者が「業務量」をもコントロールできる場合に限られている。いかに業務遂行の方法や時間配分を決定できたとしても、業務量そのものが過大であれば、労働時間は延長され、「みなし労働時間」から乖離していく。裁量労働制には、そうした業務量に歯止めをかける仕組みが十分に備わっておらず（第2、4章参照）、むしろ過重な命令によって生じた超過労働を「労働者の能率の問題」にすり替えてしまう危険性を有している。

また、裁量労働制においては、労働者は勤務の場所も自宅など、自分の好む場所を選択できる。この事例の労働者も会社で長時間残業を行うよりは、自宅で作業できることを「好ましい」と思う部分もあるという。ところが、ここでもやはりその業務量が多ければ、無給残業が強要される結果となる。

こうした状況を助長しているのは、前述した小松製作所の過労自死事件にも共通している顧客対応である。今日の裁量的な業務の多くは、顧客に直接的に回答する責務にかかわっている。それゆえ、たとえ社内において業務遂行の裁量があったとしても、顧客対応に対しては自律性をもたないケースが多いと考えられる。こうした事情は今回拡大されようとしている二業種に対しても、典型的に当てはまるだろう。

さらに、より広範な知見から述べるのであれば、今日の産業社会は巨大なサプライチェーンと消費過程のシステム化の下にある。しかも、このシステムのアクターは相互に競争状態にあり、常にコストの限界を乗り越えることが求められ続けている。裁量労働制が企業内で一定の権限を握った労働者に適用されたとしても、それらの個別企業の活動や、企業内で割り当てられた裁量労働は、その巨大なシステムの一部を構成するに過ぎない。当然、そこに設定する「自律性」には、（仮にその意図が適切なものであったとしても）おのずと制約が存在する。労働時間や成果・業績についての労使関係の取り決めが強固に形成されない限り、このシステム内部で自律的な労働量のコントロールを行うことはできないだろう（海外においても裁量労働制に類似の制度はあるが、やはり長時間労働の傾向にある。だが、例えばフランスにおいてはその「適用」に対する紛争が制度設計の変更を引き起こしており、日本のように一方的にグレーゾーンが拡大する状況にはない）。

公正な評価に向けて

労働時間と賃金の切り離しが労働者にとっての「メリット」となるためには、業績の公正な評価や業務量の自主的なコントロールなどが図られる必要がある。だが、第1章でも述べたように、「高プロ」や裁量労働制は、個別企業の具体的な目標設定や評価基準を規制することはない。それらは労使の自治的領域に属しているからだ。それゆえ、たとえ規制緩和によって労働時間と賃金の関係を切り離しても、「時間に縛られない公正な働き方」が実現するわけではない。それどころか、無制限な労働を強要するために利用する企業が出てきたとしても、歯止めをかけることができなくなる。本章の実例を通じてそうした実態がご理解いただけたことと思う。

とはいえ、現在の労働時間制度だけが最も効率的で公正な規制であるともいい難い。「多様な働き方」自体は労働者のニーズでもある。政府が想定するような「強い労働者」が日本の労働者の多数になったとの認識が誤りであるとすれば、これを実現する方法はもはやないのだろうか。この問いへの鍵を握るのは、第4章で見るように、公正な目標設定や評価基準を設定し、長時間労働に歯止めをかける、実質的な労使関係の構築である。

繰り返しになるが、これは、法制度によって設定されるものではなく、あくまでも労働組合と使用者の交渉によって設定されるべきものだ。法律は労使の非対称な関係を前提に、最低限度の労働条件を定めているに過ぎない。この最低限度を上回る労働条件のあり方については、労使関係によって実現されることが望まれるのである。

実際に、大胆なワークシェアリング政策を実現したオランダのように柔軟な労働時間を設定し、労働組合が強い影響力を発揮しながらそれらの制度を実現し、運用している国もある。それらを理想化すべきではないにせよ、規制緩和ばかりが先行する日本の状況とは異なった労働の柔軟化の模索例であると言えよう。

働き方改革のもう一つの重要な論点である「同一労働同一賃金」についても同様の指摘ができる。同一労働・同一賃金原則は、歴史的にみれば産業別・職業別労働組合と経営者団体の間で結ばれてきた労働協約を指すものであり、決して法律によって実現されたものではない。むろん、こうした労働協約が不在の日本においては、法律によってこれを促進することが重要であることはいうまでもないが、法令だけで社会に定着させることが困難なことも事実である。

公正な人事評価の普遍的な実現は、産業別・職業別労働組合の拡大と努力なしには実現することはできないのである。

第4章　裁量労働制の運用と労働組合

三家本里実

はじめに――裁量労働制と労働組合

本章では、これまで見てきた制度の問題点を踏まえた上で、裁量労働制を導入するのであれば、そこには労働組合による介入がセットでなければならないことを示していく。

裁量労働制は、あくまで労働時間に関する制度であるが、量よりも質、つまり時間ではなく成果で評価される働き方を実現するものだと言われている。だが、実際には、裁量労働制の導入がもたらしているのは、長時間労働化である。ここに、通常の労働時間管理をされている者よりも、裁量労働制が適用されている者のほうが、労働時間が長くなっているというデータがある（労働政策研究・研修機構 二〇一四）。図4―1にあるように、一カ月の実労働時間について、通常の労働時間制のもとにある労働時間の場合、「一五〇時間以上二〇〇時間未満」は六一・七％、「二〇〇時間以上二五〇時間未満」は二六・五％であるのに対して、専門業務型裁量労働制の適用者では、前者が四二・一％、後者が四〇・九％となっている。

このような「制度の導入」と「長時間労働化」という二つの関係を捉えるにあたっては、ここに労働組合がどのようにかかわっているのかという視点が欠かせない。なぜなら、裁量労働制を導入するためには、使用者は、事業場の過半数組合、ないし労働者の過半数代表との間で、書面

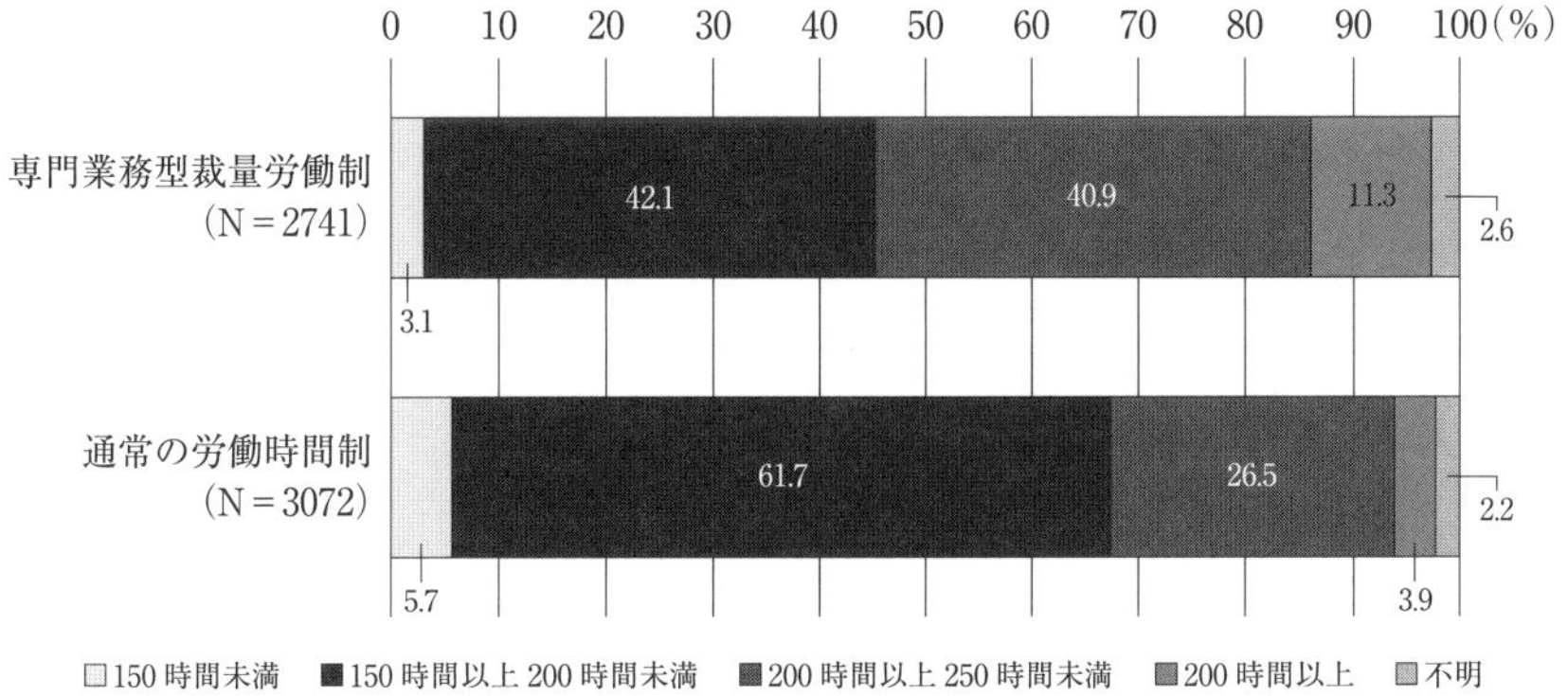

出所）労働政策研究・研修機構（2014：p 22）より筆者作成.

図 4-1　1カ月の実労働時間

による労使協定（または労使委員会決議）を締結し、労働基準監督署（以下、労基署）長に届け出なければならないからである。つまり、労使間の協議、ないし労働組合の関与は、裁量労働制が適切に運用されるための「必須条件」なのである。

それにもかかわらず、この裁量労働制の実際の運用に、労働組合がどれほど関与しているのかという点に着目した研究は、ほとんど見当たらない。そこで、ここでは裁量労働制の導入、またその後の運用に際して、労働組合はどのような役割を果たしているのかという点を明らかにしていく。長時間労働をもたらす傾向がある裁量労働制に対して、労働組合はどれほど規制力を発揮しうるのだろうか。

分析にあたっては、対象を情報サービス業、いわゆるIT産業に設定した。それは、専門業務型裁量労働制を採用している企業の割合が、「情報通信業」で最も高く（二六・六％）、他産業を大きく引き離しているからである（次ページの表４―１）。

表4-1　専門業務型裁量労働制の採用企業割合

	専門業務型裁量労働制（%）
鉱業，採石業，砂利採取業	—
建設業	1.9
製造業	2.1
電気・ガス・熱供給・水道業	0.5
情報通信業	26.6
運輸業，郵便業	0.0
卸売業，小売業	2.3
金融業，保険業	1.7
不動産業，物品賃貸業	2.1
学術研究，専門・技術サービス業	7.7
宿泊業，飲食サービス業	0.3
生活関連サービス業，娯楽業	2.7
教育，学習支援業	6.5
医療，福祉	0.2
複合サービス事業	—
サービス業（他に分類されないもの）	0.8
計	2.5

出所）厚生労働省「就労条件総合調査」(2017)．－は該当する数値なし．

インタビュー調査の概要

労働組合が制度運用にあたってどのような機能を果たしているのかを明らかにしていくために、専門業務型裁量労働制を導入している企業の労働組合を対象としたインタビュー調査を実施した。このインタビュー調査は、情報産業労働組合連合会（情報労連）に協力を依頼し、加盟組合の役員、および一般組合員を対象に行ったものである（表4－2）。情報労連は、情報通信や情報サービス等の業種を対象に、約二六〇組合、約二一万八〇〇〇人を組織している日本の産業別労働組合である（二〇一四年六月現在）。なお、匿名性を担保するため、調査対象企業の従業員数は明記しないこととした。

主に、労使協定の中身とそれがどのように決定されたのか、また運用にあたっての問題点とそれに対して労働組合がどのように対処しているのかについて聞き取りを行った(一回あたり四〇分から一時間の聞き取り。調査時期は二〇一六年四~六月)。なお、調査対象者の発言は、紙幅の関係から、筆者が要約したものを記載していく。

ところで、本章の冒頭でも述べたように、裁量労働制が適用されている労働者は、通常の労働時間制のもとにある労働者よりも長時間労働の傾向にあるが、本調査が対象とする労働者も、同様の状況下にあることをここで指摘しておきたい。筆者が二〇一五年四月から五月にかけて情報労連と行ったアンケート調査では、こうした事態が如実に表れている(次ページの図4—2)。納期前などの忙しい時期を想定した上で一日の労働時間を尋ねたところ、裁量労働制適用者の「一二時間」の割合(三〇・七%)、「一三時間以上」の割合(二八・四%)が、それぞれ通常の労働時間管理を受ける労働者と比べて、約一〇ポイント高くなっている。

表4-2　調査対象者の概況

対象	内訳
A組合(2名)	2名：組合役員
B組合(4名)	2名：組合役員，2名：一般組合員
C組合(2名)	2名：一般組合員
D組合(3名)	2名：組合役員，1名：一般組合員

以上のように、裁量労働制が適用されている労働者ほど、労働時間が長くなっているという状況を前提とした上で、それに対する労働組合の取り組みについて見ていくことにしよう。

制度導入のきっかけ

そもそもこれらの会社で裁量労働制が導入されるようになったのには、どのような経緯・目的があったのだろうか。A~Dのすべての組合にお

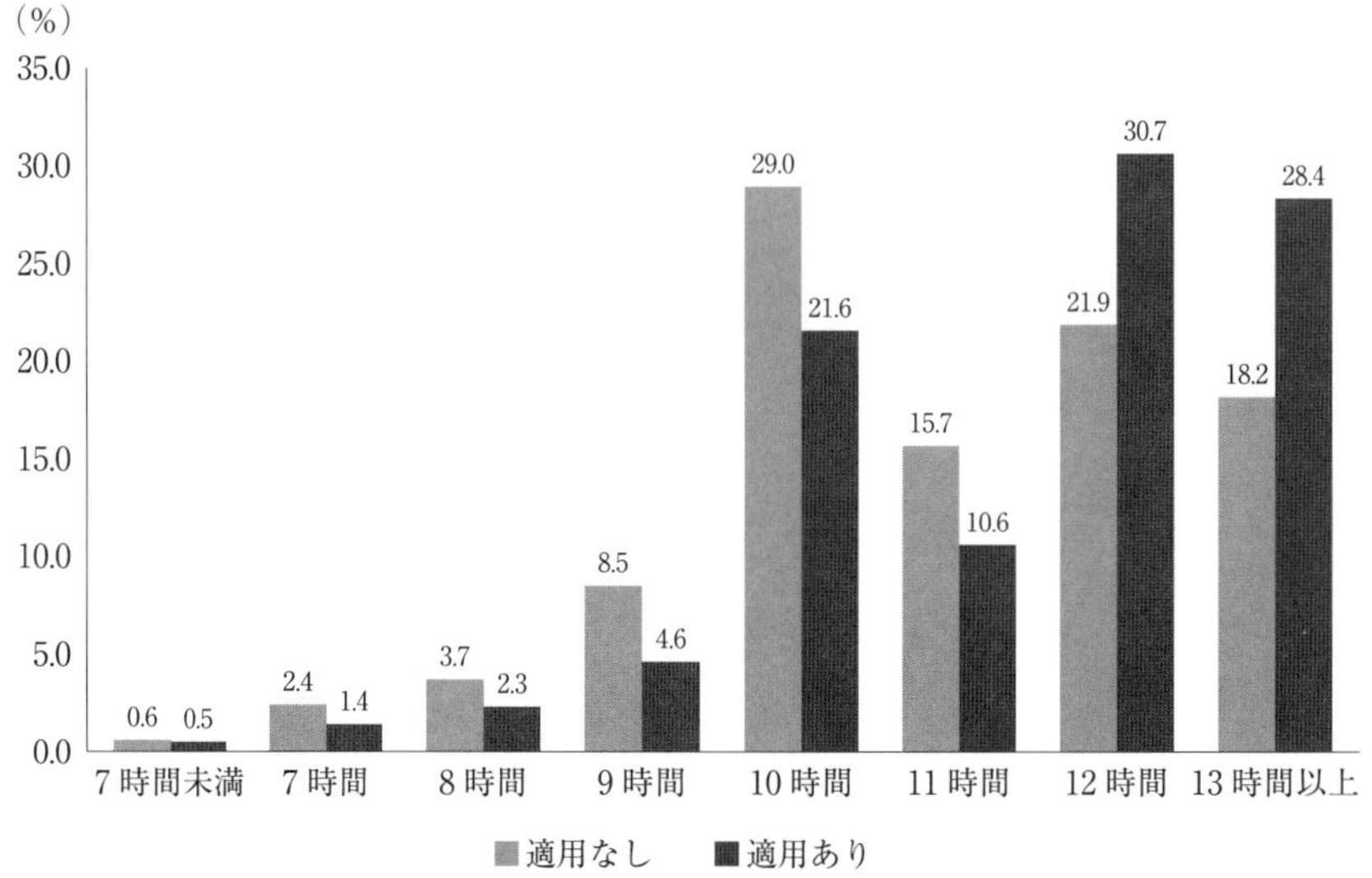

図4-2　裁量労働制適用者・非適用者の1日の労働時間の比較(納期前)

いて、制度の導入は、会社側からの働きかけによるものであった。それは、冒頭でも触れたように、「生産的」な働き方や「効率的」な働き方を実現するためであるという。

「裁量労働制で生産性が上がる。早く仕事を終わらせて、成果を出していこうという意識が働くから」(D組合)

「業界の中で生き残ろうとしたときに、長時間働いてモノを作るのはもう無理だ。同じ給与の中でより短い時間で働けば、働いた時間が短いのにもらえる給与が同じだから、インセンティブになるだろう、と」(B組合)

このように、裁量労働制を導入することで、「生産性」の高い働き方へと転換することができるとの触れ込みとともに、会社側から制度の導入が提案されている。だが、これに対する現場の反応としては、残業代の削減が真の目的ではないかというものであった。

「それこそ「残業代カットじゃないの?」という紛糾したやり取りが、組合員の方とありました」(C組合)

こうした反発を受けて、制度の導入が組合員の利益になるのかという観点から、当初は反対の意思を表明する労働組合もあった。また、反対とまでは言わなくとも、導入するには課題があるとして、B組合とC組合では長期に渡る交渉を行い、導入にあたっての条件を設けさせている。

B組合では、チーム単位での制度適用を前提としており、導入を検討しているチームは、メンバー全員が労働組合の用意したアセスメントを受けなければならない。その内容は、例えば、「仕事のやり方・時間配分について、上司から工夫の余地がないほど細かい指示がなく、自分で決めることができる」や、「実労働時間と乖離があった場合、上司とコミュニケーションをとることができる」といったものである。こうした質問項目が約一〇個、設定されている。回答者全員が○(できる)、あるいは△(改善すればできる)と回答した場合のみ、裁量労働制を導入することができるという仕組みである。一つでも×(できない)がある場合は、制度を導入することができない。その後は、職場改善を促し、そのチームに再度アセスメントを実施させることとなる。C組合ではこのような手続きは踏まないものの、管理職から制度適用の申し出があった場合、労働

表 4-3　制度適用の対象者

A 組合	グレード 15 のシステムエンジニア．　※グレード 16 が課長．
B 組合	グレード 4(主任級)以上．　※新入社員はグレード 5．
C 組合	管理職一歩手前のランクは原則．その 1 ランク下の役職者は任意．
D 組合	C5 は強制，C4 と C3 は任意．　※C5 は 1 年以内にマネージャーになるレベル．

注）C5 等は会社内の等級を示すもので個人ではない．D 組合は，制度変更以前の 2016 年 3 月までの対象者である．

組合本部にて、「いや、この仕事は専門職とは言えないだろう」といった、ふるいをかけているという。

このように、会社側から提案された制度の導入をそのまま受け入れているのではなく、具体的に誰が制度の適用を受けるのかを判断する際に、労働組合が関与している事例も確認された。

労使協定の内容

裁量労働制を導入するにあたって締結された労使協定の内容のうち、ここでは対象者とみなし労働時間について見ていこう。

まず、A～Dのすべての労働組合において、制度の適用対象となる労働者は、管理職の一歩手前の役職に就く者となっている(表4―3)。

このように対象が設定されているのは、その役職に就く者であれば、労働者が自身の裁量を発揮して働くことができるだろう、それほどの経験を積んでいるだろうと想定されているためである。

「管理職一歩手前になれば、自分の判断で働けるだろうということですね」(A組合)

「Ｃ３とＣ４レベルの労働者については、上司との間で、「君の働き方であれば、裁量的に働ける見通しがあるので、やってみないか」と個別にオファーがあり、本人が「やります」、「やりません」と決める」（Ｄ組合）

ただし、先に触れたように、Ｂ組合とＣ組合では、労働組合が実施するアセスメントを通過しなければ、制度の導入を認めていない。つまり、裁量労働制の適用対象となる役職に就いたからといって、すべての対象者に一律に制度が適用されるのではなく、その適否に労働組合がかかわっているということである。

「「適用できる」というのは、あくまで適用できるというだけで、実際に適用するかどうかは個別判断になる」（Ｂ組合）

次に、労使協定で定める、一日のみなし労働時間についてである。それぞれ、八時間（Ａ組合）、七・五時間（Ｂ組合）、七・五時間（Ｃ組合）、七・三時間（Ｄ組合）となっており、これは、制度導入前、あるいは制度の適用を受けない労働者の所定労働時間をそのまままみなし労働時間とするところからきている。また、裁量労働手当を算出するために想定された月の残業時間は、制度導入前の平均的な残業時間から設定されている。それぞれ、二五時間（Ａ組合）、三〇時間（Ｂ組合）、二九時間（Ｃ組合）、三〇時間（Ｄ組合）であり、制度適用者が制度導入以前に得ていた残業手当と遜色《そんしょく》のないようにするよう配慮がなされている。

制度運用上の問題とそれへの対処

それでは、裁量労働制が導入された職場の労働時間は、労使協定で定められたみなし労働時間からみて、どれほどのものなのだろうか。多くは、「七・五時間以下というのは、なかなかないケースだと思う」(B組合)、「七・五時間以上の方が多いですね」(C組合)というように、みなし時間をオーバーしているという。そのため、次のように制度適用者から不満が噴出している。

「二九時間分の手当がついていることを知っているため、「私はそれ以上に働いている」という人から、目減りだと不満が出てくる」(C組合)

みなし労働時間や想定される残業時間を超えて、長時間に渡る残業が発生するのは、業務量の多さが直接的な要因としてある。加えて、IT産業では、納期の短さや仕様変更による突発的な業務の発生などが、これを助長している。例えば、法改正に伴う行政関係のシステム変更の場合、その法改正がどんな時期に決まったとしても、次年度の始まりには、そのシステムを完成させておく必要がある。極端な例を挙げれば、三月の頭に法改正が決定されたとしても、四月一日にはその法改正に対応したシステム変更を済ませなければならないということである。こうした事態が発生した場合、納期に間に合わせようと、終電近くまで、あるいは会社に泊まり込みで業務をこなすなど、深夜に及ぶ残業によって対応することは想像に難くないだろう。

このように、みなし労働時間を大幅に超えて残業せざるをえなくなった場合、労働組合としては、それにどのように対応しているのだろうか。聞き取りでは、一つの労働組合を除いて、明確な基準を設けて、該当者を制度の適用から外すという対応をとっていることが明らかとなった（表4―4）。

他の組合のように明確な基準は設けられていないものの、A組合においても、裁量性の発揮という観点から、長時間労働が発生している場合には、制度適用者はそこから外れるという運用がなされている。

「自分の裁量でできる量でない仕事を振られている場合や、顧客に合わせた働き方をしなければいけない場合は、裁量がないとみなされるため、制度適用から外しています」（A組合）

B～D組合では、残業時間の長さに応じて、制度の適用除外となるか否かが判断されている。それは、裁量性の発揮という観点に加えて、労働者の健康に対する配慮からきている。これらの組合では、厚生労働省が定めた、いわゆる「過労死ライン」が意識された形で、表4―4のような基準が設けられている。

「対象社員の健康への配慮を考慮して設定しています。月四五時間を超える時間外労働が認

表 4-4　各組合における適用除外の条件

A 組合	明確な基準はないが, • 裁量を発揮できないような仕事量を抱えている場合 • 毎日，終電帰りが続いている場合
B 組合	• チーム：平均で，月間総労働時間が 200 時間を超える場合 • 個人：2 カ月連続で月間総労働時間が 200 時間を超える場合 • 深夜勤務が月 10 回以上発生する場合
C 組合	3 カ月連続で，月 75 時間以上の残業が続く場合
D 組合	3 カ月連続で，月 93 時間以上の残業が続く場合

められる場合には、健康への悪影響に対する何らかの歯止めが必要な状況にあるとみなして、裁量労働制の適用についても馴染まないとしています」（B組合）

「導入前の取り決めで、健康配慮の観点から、過労死認定基準の八〇時間を目安にしようと労使で話し合い、決定しました」（C組合）

実際に、IT産業におけるメンタルヘルス不調の問題は深刻である。労働政策研究・研修機構（二〇一二）によると、過去一年間にメンタルヘルス不調で一カ月休職、退職した正社員がいる割合は、全体平均は二三・五％であるのに対して、情報通信業では五五・八％と、かなり高い数値を示している。また、休職や離職をせずとも、メンタルヘルスに問題を抱えている正社員の割合は七三・〇％を占める。こうした状況を踏まえると、「過労死ライン」を明確に意識した形で設定された適用除外の条件は、裁量労働制適用者の心身の健康確保、さらには過労死防止に、労働組合が重要な役割を果たしていることを示している。

B組合とC組合では、制度導入時から、前記のような条件を設けていたが、D組合では、制度導入後に、労使間の交渉を通じて、表4－4の条件を設定することとなった。

「裁量労働制適用者で月一〇〇時間以上残業している人の割合はデータとして出るので、毎月、人事部との労使協議会で、「この人たちは裁量的に働けていないから、解除してください」というやり取りをずっとしていました。それで、「三カ月連続で九三時間以上残業した場合、強制的に解除します」という運用が始まりました」（D組合）

このように、D組合では、実際に裁量労働制を導入した後の運用として、長時間労働の実態をデータで示し、加えて、会社側に制度適用者の働き方に裁量性があるのかヒアリング調査を実施するよう求めてきたという。こうしたD組合の職場における長時間労働は、次のように、裁量労働制適用者に仕事が偏ってしまうという事情から発生していた。

「通常の労働時間管理をされている労働者が三六協定を超えないように、ギリギリのところで裁量労働制適用者に仕事を回すという習慣が生まれてしまったんです。さらに、管理職が、「この人、三六協定超えそうだから、裁量労働制を適用させて」とお願いしてくることもありました」（D組合）

実際の運用の中で、制度適用を受ける労働者に仕事が集中したり、三六協定の限度時間に抵触しないようにするために裁量労働制を適用させようとしたりするといった問題が発生したのである。これには当然、労働組合に対して、労働者から多くの不満や苦情が寄せられることとなった。こうして、D組合では会社との交渉を通じて、表4－4の基準を設けさせたという流れがある。ところが、その後も、新たに次のような問題が生じたという。

「結局、そのしきい値にいかない人にまた仕事が回る。通常の時間管理を受ける人が三六協定の上限まで仕事をして、超えそうになった裁量労働制の適用者にまわして、九三時間以上になりそうなら、別の裁量労働制適用者に任せよう、と。とにかくできる人に負荷がかかるようになってしまったんです」（D組合）

こうした実態を踏まえて、D組合はさらに会社との交渉を通じて、もともと任意で制度の適用対象となっていたC3、C4をその対象から外し、さらに強制適用であったC5についても、プロジェクトを統括するなど、自身の裁量で時間を管理することのできる労働者だけに限定することとした。このような制度変更を表したのが、図4－3である。

「労基署の指導もあったが、組合としては、労使協議会で労働時間のデータと管理職の悪い動きについて追及し続けたことが大きかったと思います」（D組合）

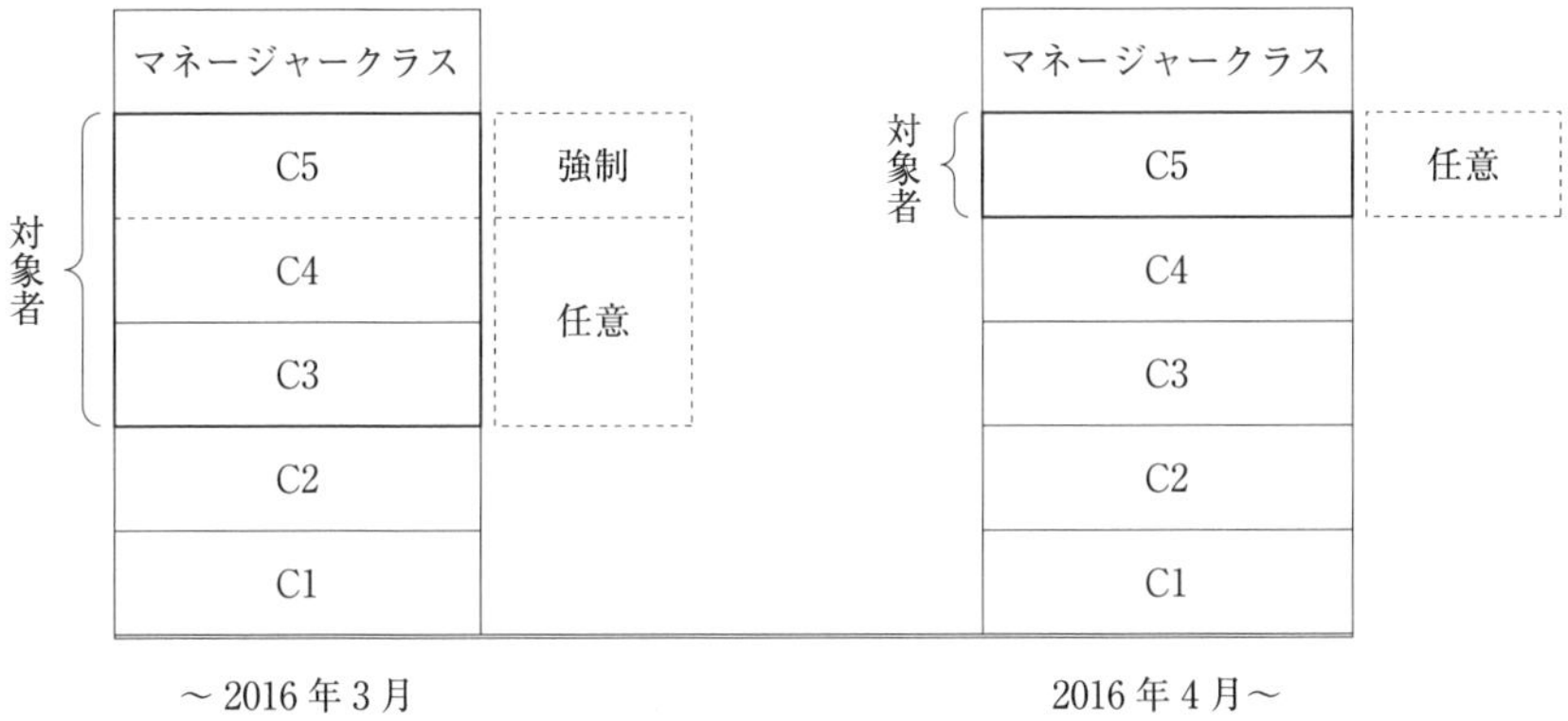

図4-3　D組合における制度適用対象者の変更

前記の制度変更は、会社との二～三年に及ぶ交渉を経て実現している。こうして、これまで制度適用を受けていた労働者には、対象者から外れることで、実際の残業時間数に応じた残業手当が支給されることとなった。

以上のように、労働組合を対象としたインタビュー調査からは、労使協定に定めたみなし労働時間と実労働時間との間に大幅な乖離があった場合、次の対応がなされていることが明らかとなった。第一に、明確な条件を設けて、制度からの適用除外の手続きを行うということ。これは、長時間労働をせざるをえない状況下では、制度適用者は裁量を発揮することができないだろうとの判断から、すべての労働組合において採られている措置である。第二に、会社との交渉を通じて、制度の適用対象者の範囲そのものを変更させるということ。これら二つの対応は、長時間労働を規制する主体として、労働組合が機能していることを証明しているといえるだろう。

当然ながら、会社側は労働者にできるだけ長時間働いてほしいと考えるものであるから、D組合における〈三六協定の規制を受ける労働者→裁量労働制の適用者(九三時間以内)→別の裁量労働制の適用者…〉といった事例に象徴的に表れているように、誰が長時間労働を引き受けるのかを巡って、労働者同士が競争させられる状態は簡単に作り出されてしまう。だが、労働組合を通じて適用除外の基準を対置し、このような競争関係に労働者が巻き込まれないようにすることが、現実的に可能なのである。

おわりに

本章で見てきたような労働組合の主体的な取り組みをもってもなお、裁量労働制の運用には課題があるだろう。それは、インタビューの中で聞かれた、適用除外は「事後的な対応だ」との指摘である。業務量や納期からして、忙しくなることが見込まれているのであれば、事前に裁量労働制の適用から外れ、通常の時間管理にすべきではないかとの意見である。確かに、長時間労働が発生する要因そのものを解消しなければ、根本的な解決とはいえない。さらにいえば、裁量性を発揮した働き方というそもそもの前提は、制度適用者が長時間労働を担っているという現状によって崩されている。長時間労働を規制するという観点からは、制度の導入そのものや業務量の問題を会社との交渉の俎上に載せることが、労働組合には求められているのではないだろうか。

それでも、専門業務型裁量労働制の運用に、労働組合がどのように関与しているのかという本章の分析を通じて、長時間労働をもたらす危険性の高いこの制度の運用には、労働組合による関与が欠かせないことが示されたであろう。

参考文献

塩見卓也 二〇一三、「裁量労働制」『労働法律旬報』一七九三、二七―三三頁。

西谷敏 二〇一三、『労働法』第二版、日本評論社。

濱口桂一郎 二〇〇四、『労働法政策』ミネルヴァ書房。

三家本里実 二〇一六、「情報通信業における長時間残業の要因とその影響」労働政策研究・研修機構「働き方の二極化と正社員――JILPTアンケート調査二次分析結果」(労働政策研究報告書No. 185)。

盛誠吾 一九九七、「年俸制・裁量労働制の法的問題」『日本労働法学会誌』八九、五三―八四頁。

労働政策研究・研修機構 二〇一二、「職場におけるメンタルヘルス対策に関する調査」(JILPT調査シリーズNo. 100)。

労働政策研究・研修機構 二〇一四、「裁量労働制等の労働時間制度に関する調査結果　労働者調査結果」(JILPT調査シリーズNo. 125)。

第5章　裁量労働制の労働相談対応マニュアル

裁量労働制ユニオン

この章では、裁量労働制のさまざまな問題に対して、実際にどういうアクションをとることができるかを、裁量労働制ユニオンに寄せられた多くの相談を踏まえて紹介する。制度の欠陥が理解できたとしても、具体的に現場でどう行動すればいいのかを知らなければ、残業代不払いや長時間労働など裁量労働制の下で起こる問題に対処できないからだ。

1　裁量労働制ユニオンとは

二〇一七年に新しく発足した労働組合「裁量労働制ユニオン」は文字通り、裁量労働制が導入されている企業で働く人の問題に焦点をあてて、労働条件の改善に取り組んでいるユニオン(労働組合)である。現在、二〇代、三〇代の労働者を中心に、ITやデザイン、映像制作、出版など、裁量労働制が導入されているあらゆる産業・職種で改善を求めて日々活動している。

もともと、ブラック企業で働く人の相談窓口である「ブラック企業ユニオン」が相談を受ける中で、クリエイティブな産業で働く若者からの相談が多く寄せられていた。これらの産業では、月一〇〇時間以上の残業が常態化するなど長時間労働が蔓延しているにもかかわらず給料は低く、そのため離職率も高い。また、残業代支払いを避けるために、会社が最初から定額の残業代を基本給に含める「固定残業代」制度とともに、「クリエイティブな業界だから残業代を払わなくてよい」、「裁量のある仕事だから労働時間は関係ない」といった理屈で「裁量労働制」を導入しているケースが非常に多い。しかし、実際に相談者から話を聞いてみると、裁量のない単なる事務や営業をさせられていたり、業務の進め方や時間を会社に決められていたりと、「名ばかり裁量労働」が蔓延していることが明らかになった。そこで、この問題に特化した労働組合＝ユニオンを新たに発足させるという経緯になった。

裁量労働制ユニオンは、裁量労働で働く人なら誰でも加入できる労働組合だ。東京と仙台に事務所を構え、一人から加入して、労働環境におかしな点があれば会社と交渉することができる。後でも触れるように、実際に残業代を支払わせたり、職場環境の改善を行ったりしている。

2　職場トラブルへの対応マニュアル

裁量労働制ユニオンには「長時間労働が辛い」「残業代がまったく支払われない」「セクハラ・パワハラがきつい」といった相談が相次いでいる。しかし意外にも、実際に自分が職場トラブルに巻き込まれたときにどうすればいいのかを分かっている人は少ない。中には「この会社を選んだ自分が悪かった」と、違法行為をしている会社ではなく自分を責めてしまう人もいる。

しかし、諦める必要はない。問題があったときの対処法を頭に入れておけば、未払い賃金を支払わせたり、ハラスメントをやめさせたりすることは十分できるのだ。そこで、まずは、労働問題一般に直面した際の解決方法を紹介した上で、裁量労働特有の問題に絞った対応策を解説する。

職場でおかしいと思ったときに使える解決機関

はじめに、「適切な」相談窓口を知っておくことが重要である。ここでは、職場で困ったときに使える相談機関と、それぞれの長所や短所について網羅的に紹介していく。

◆労働基準監督署

職場で何かトラブルにあったときに、相談する先として多くの人が真っ先に思いつくのが労働基準監督署、いわゆる「労基署」である。

これは、各都道府県の労働局に所属する、厚生労働省の出先機関で、簡単に言うと労働問題における「警察」のようなものだ。労働基準監督官は司法警察員と呼ばれ、職場における違法行為があればそれに関して調査をしたり会社に是正勧告を出したり、場合によっては経営者を逮捕できる権限をもっている。

労基署はそれだけ強力な権限をもっているが、一方で「守備範囲」が狭いという特徴がある。明らかな賃金未払いといった、労働基準法など特定の法律で罰則が定められた範囲でしかその取り締まりができないのだ。パワーハラスメントや「解雇の撤回」などは、たとえそれが明らかに違法であっても、労基署の「管轄外」で手を出せない。

また、労基署は、その「職員の少なさ」もよく指摘されている。労働基準監督官で実際に取り締まりに当たるのは全国に一五〇〇人ほどで、東京二三区には、たった一三九人しかいない（二

○一二年、東京新聞の報道）。これは、監督官ひとりが約三〇〇〇事業所を監督しなければならない計算である。そのため、一件一件丁寧に対応することが物理的に難しく、なかなか案件が進まないというケースも少なくない。

◆労働局や都道府県の「あっせん」窓口

厚労省は労基署のほかに、各都道府県の労働局に「総合労働相談コーナー」を置いている。加えて、都道府県も相談窓口を設置している。東京都には、「東京労働相談情報センター」という相談窓口がある。

ここでは主に「あっせん」という制度を使って、労働問題を解決することができる。「あっせん」とは、労働問題を解決するために、行政（自治体や都道府県労働局）が労使双方の間に入って話し合いの場を設定する制度だ。費用もかからず、これにより立場の弱い労働側も意見が言いやすくなる可能性があり、会社側も第三者が間に入ることで、冷静に話し合いをせざるを得なくなる。ただし、「あっせん」には決定的な弱点がある。それは法的拘束力がないということだ。そのため、会社側が交渉のテーブルにつくのを拒否すれば、それで終わってしまう。違法行為を自覚的に行っている会社が参加の強制力がないあっせんに出てくるケースは稀《まれ》で、会社側の不参加もしくは参加しても最初から誠実な解決を考えていない態度で結局、決裂してしまうことも少なくない。

◆弁護士

賃金未払い、パワハラ、セクハラ、解雇、労災など、職場で何かおかしいと思ったときはたいてい違法行為があるので、法律のスペシャリストである弁護士に頼るのは当然適切だ。

今では裁判の時間と費用の問題を軽減するために、「労働審判」という略式の裁判のような制度が整えられている。弁護士を代理人に立てて争うことで、スピーディな解決につながる可能性がある。

ただ気をつけなければならないのは、弁護士といっても二種類あるということだ。労働側の弁護士と、経営者側の弁護士である。

経営者側の弁護士は、企業に雇われて企業法務を行っており、立場上どうしても労働者の利害と対立してしまう。また、労働側の弁護士を謳《うた》って広告を大量に打っている弁護士も要注意だ。たくさんの事件を抱えて、「スピード処理」する体質をもっている弁護士事務所では、一件一件を丁寧に扱ってもらえない場合が多い。

また、弁護士で解決する場合、当然争うのは裁判ということになるが、そうなるとネックになるのは時間と費用の問題だ。行政窓口や、多くのユニオンと違って、相談の時点で相談料がかかるし、裁判をするとなると、最終的な解決まで何年もかかってしまう。

これらの事情から、弁護士に相談するときは、経営者側でない、労働者側の弁護士に相談することが前提になる。同時に、費用や丁寧さの面からは、労働側で専門的に活動している「弁護団」に所属している弁護士を探すのが良い。「弁護団」では、弁護士の技能の水準を保つ努力をしているからだ。

具体的に、労働側で信用できる弁護団としては、「ブラック企業被害対策弁護団」や「日本労働弁護団」、「過労死弁護団」がお勧めである。弁護団所属の弁護士は、丁寧に事件に対応してくれる上に、費用も良心的な価格設定をしている場合が多い。

◆ユニオン（労働組合）

最後は「ブラック企業ユニオン」「裁量労働制ユニオン」といったユニオンである。ユニオンには労働組合法上の特別な権利があり、個別の労働問題に対しても、解決する法的な能力をもっている。

ユニオンに相談した場合の、一般的な流れは次の通りだ。まず、法的関係や労働組合の意義について一通りの説明を受ける。その後、組合に加入して、会社に団体交渉の申し入れをして、問題解決の話し合いをする。

普段の職場では、労使は対等ではない。上司や会社が言うことには、基本的に逆らえないものだ。しかし、団体交渉の場における話し合いは、労使が対等な立場で行われる。

しかも、そうしたユニオンでの交渉は法的に強く守られている。例えば、ユニオンが会社に団体交渉を申し込めば、会社はそれを断ることができない。もし断ったらそれ自体が「不当労働行為」という違法行為になってしまうのである。また、ユニオンに加入したり、団体交渉をしたことを理由に、会社は労働者に不利益な取り扱いをすることもできない。

また、団体交渉は、あくまで「話し合い」であるため、労基署のように労働基準法にしばられることはない。賃金・残業代の未払いはもちろん、パワハラやセクハラを止めさせたり、解雇の撤回や、最近話題になっている「求人詐欺」についてもその人次第では争うことができる。

さらに、ユニオンは「労働協約」という形で、違法行為の是正だけでなく、法律を上回る水準のルールを設けて、労働条件の全社的な改善をも行うことができる。自分の労働問題を解決することはもちろん、会社全体を、また業界全体をも改善する特別な権利をもっているのがユニオンなのだ。

裁量労働制の職場で労働問題に直面したとき

では次に、特に裁量労働制を導入している職場で問題があった際に気をつけること、そして解決までの流れを見ていきたい。

○導入されている裁量労働制がそもそも合法かをチェックする

「裁量労働なのに裁量がまったくない」、「実際の労働時間がいつもみなし労働時間よりも長い」、「裁量労働だから残業代は出ないと言われた」……。このような声は、裁量労働制が導入されている企業で働く人に典型的な相談だろう。そもそも裁量労働制とは、働く人に仕事の進め方など一定の裁量があるため働いた労働時間通りに給料を支払わなくても合法になるという制度だが、重要なポイントは、裁量労働制は会社が「裁量労働だ」と言ったからといって、合法にはならないということだ。法律と国の通達で裁量労働を導入する際の手続きや適用可能な仕事内容などが定められており、その要件を満たさなければ直ちに違法／無効となり、過去の残業代を支払わなければいけなくなる。

そのため、裁量労働制の職場で問題があれば、まずやるべきは、その裁量労働制が本当に合法に導入されているのかをチェックすることだ。ただし、労働基準法の条文や行政の通達にすべて目を通すのは困難であるから、裁量労働制ユニオンが作った「チェックシート」(巻末資料)を参考にしてほしい。

これは、裁量労働制ユニオンも参加している団体「ブラック企業対策プロジェクト」で制作した「専門業務型裁量労働制チェックシート」(http://bktp.org/news/3971)をもとに、企画業務型裁量労働制について加えるなど独自に修正したものだ。チェックシートの要件は、裁量労働制の適用に不可欠なものである。つまり、一つでも当てはまれば違法の可能性が高いということだ。

チェックシートの内容を要約すると、まず、(1)〜(3)は、実態として裁量があるかどうかの確認だ。自分で出退勤などの労働時間や仕事の範囲を決められなければ、裁量労働制は無効となる。次に、(4)は、裁量労働制が有効であったとして、支払われなければいけない賃金を払っているかの確認だ(この項目にチェックがついても、裁量労働制が無効になるわけではない)。(5)は手続きに関するチェックだ。裁量労働ということを知らなかったり、自分の知らないところで誰かが勝手に裁量労働制に合意していたりすれば、それもまた無効になる。(6)では、業務が対象業務かどうかが問題とされており、これに該当しなければ裁量労働制は無効となる(巻末の対象業務一覧も参照)。

裁量労働制が無効であれば、これまで働いた時間分の給料を、残業時間も含めて全額支払う義務が会社には生じる。

○裁量労働制でのケース別解決法

巻末のチェックシートを活用すれば、裁量労働制が適法な形で導入されているかを判断できる。それを踏まえて、ここではさらに裁量労働制ユニオンに寄せられた相談事例から、実際に働いている人が抱えている悩みに対応した解決策をみていきたい。

❶残業代を支払ってほしい

裁量労働制ユニオンに寄せられる相談で、一番多いのがこれだ。働いた分の賃金を会社は支払う義務があるし、働いた側もきちんと払ってほしいと思うのは当然だ。裁量労働制の職場では特に長時間労働が慢性化しているが、手取りが二〇万円に満たない例は山ほどある。

残業代をきちんと払ってほしいときにまずやるべきは、前記のチェックシートを活用して、裁量労働制が無効かどうかを判断することだ。無効だと判断できれば、その会社はシンプルに賃金未払いという労働基準法違反を行っていると言える。そうなれば、実際に働いた労働時間の記録（メモやタイムカードのコピー／メールや写真など）を元に未払い額を計算し、会社に請求することで払わせることができる。もし会社が払わないのであれば、労働基準監督署や弁護士、ユニオンに相談して、支払いを求めるべきだ。

❷労働時間を短くしてほしい

残業代問題と合わせて、労働時間があまりに長いという悩みも多い。この問題にも、まずはチェックシートを使い、裁量労働制自体が無効かどうかを確認すべきだ。もし無効だと証明でき、会社がそれを知ると、ほとんどの場合で会社側は明らかに無効だと判断される点を修正した新しい裁量労働制を導入しようと試みるだろう。なぜなら、そのまま裁量労働制を導入しないと、❶のようなシンプルな残業代未払いという違法行為を継続することになるからだ（みなし労働時間のほうが実際の労働時間より長ければ残業代未払いは発生しないが、そのようなケースはゼロに近い）。

そして、チェックシートにも項目があるように、裁量労働制の導入は、労働者本人や労働者を代表する人のきちんとした合意がなければ成立しない。そこで、自分がまず裁量労働制に合意しない、という意思表示が決定的になる。合意しなければ会社は裁量労働制を導入できないからだ。

ただ、それでも長時間労働を命じてくるケースはあるだろう。その場合はユニオンに相談して、将来的な労働条件を変える交渉を進めるのが最も効果的だ。労基署や裁判などは、過去の残業代を取り返すのには有効だが、違法行為を続ける会社に対して将来的な違法行為を止めさせる力はない。その力があるのは、どれだけの大企業でも対等な立場で交渉できるユニオンだけだ。

❸裁量労働制を廃止してほしい

もし仮に、合法的に適用されていても働く側のニーズとして裁量労働制ではない働き方を望む場合は、どうすればよいだろうか。特に企画業務型は専門業務型と違い対象業務も明確に決まっておらず、適用範囲が非常に曖昧でわかりづらい。きちんと労働者にも理解できる制度を自分の職場に根づかせたいというニーズがあってもおかしくはない。

働く職場で裁量労働制そのものを廃止したい場合は、やはりユニオンに相談するのが最も効果的だ。警察が違法行為をしていない人を逮捕できないのと同じように、労働基準監督署も合法的に導入・運用されている制度の変更を指示はできない。また裁判所も合法であれば当然口出しはできない。しかし、ユニオンであれば、合法であろうが違法であろうが、団体交渉という労働者と会社との対等な交渉の場で、制度改編を求めて闘うことができる。

○解決のために重要なこと

裁量労働制の問題を含めて、労働問題の解決のためには二つのポイントがある。一つは証拠を集めること、そしてもう一つは、諦めずに専門家に相談するということだ。証拠があって専門家に相談すれば、ほとんどのケースを解決することができる。

裁量労働制を問題にする上で残すべき証拠は、大きく分けて四種類ある。書面、労働時間、業務内容、業務指示の証拠だ。

①裁量労働制について定めた書面

裁量労働制が手続き的に適切に導入されているかどうかを示す証拠が必要だ。働く条件を定めた求人票、契約書・労働条件通知書、就業規則は保存しておこう。また、裁量労働制について届出・保存の必要な労使協定、労使委員会の決議・議事録が社内にあるか探してみよう。

②対象外業務をしている証拠

対象外業務と対象業務を両方させられていたり、対象業務なのか曖昧な業務があったりしたことを理由に、裁量労働制が無効であることを示すには、それらの業務を、それぞれどの程度行っていたかを証明する必要がある。このため、勤務中の業務について、どのような業務内容をどのくらいの時間していたのか、日報のような形で記録してあると良い。

③会社が業務を具体的に指示している証拠

業務の具体的な指示を受けていたことを理由に、裁量労働制を無効にするには、労働実態を示すため、非常に具体的な証拠が必要となる。「今日の何時までにこの業務をやってください」という細かい指示や、定時より遅く来たり早く帰ったりすることに対する叱責、その分の賃金を引くなど不利益を被らせていることがわかるメールや音声などの証拠があれば、具体的な業務の遂行について指示をしていると主張しやすいだろう。

④実際に働いていた時間の記録

裁量労働制の場合、会社が出勤時間・退勤時間を管理していないケースが多い。この場合は自分で労働時間を記録する必要がある。出社時と退社時にメールを送ったり、写真をとったり、メモをするなどして、記録をとっておこう。

3　解決事例

最後に、裁量労働制ユニオンで会社と団体交渉を行い、残業代を支払わせたり、改善させたりしたケースを紹介しよう。

■スマートフォンゲーム制作会社の残業代支払い

まず、対象外業務を理由として裁量労働制を無効にして、残業代を支払わせた事例である。スマートフォンゲーム制作会社で働いていた女性が、退職勧奨を理由に相談にきたケースだった。

彼女は当初、東京労働局のあっせん委員や法テラス（法務省所管の法律相談窓口）で紹介された弁護士に相談していたのだが、いずれも退職勧奨に着目するだけで、会社側とのやりとりも不調に終わっていた。

その後に相談を受けたユニオンでは、彼女の労働実態についてじっくり聞き取りを行った。その結果、彼女がゲーム開発の業務に該当するとして、専門業務型裁量労働制を「適用」されていたこと、しかし実際の担当業務はゲームの宣伝業務であり、対象外業務であったことを突き止めた。具体的な業務はゲーム体験イベントの運営やウェブサイト、ＳＮＳの運用などであった。

ユニオンでは、当事者から業務内容を詳細に聞き取ったリストを添えて労働基準監督署に申告し、裁量労働制が適用されないという判断を出させた。この労基署の行政指導を用いて、ユニオンは会社と交渉を続けた。同社では固定残業代も適用されていたので、その無効も要求した。会社は最終的に、未払い残業代分等の清算を認め、本人の納得できる金額での和解をすることができた。団交申し入れから二カ月での解決であった。

■編集プロダクションでの残業代支払い

次は、編集プロダクションの事例である。編集・ライターとして勤務していた女性が、繁忙期に深夜一時半まで勤務し、朝六時に出勤するなどして月一〇〇時間の残業をした結果、職場で痙《けい》攣《れん》を起こし倒れてしまった。この長時間労働と上司からのパワハラによって、本人は適応障害になってしまっていた。

彼女は残業代を支払われていなかったのだが、裁量労働制という説明は受けておらず、契約書にもそのようには書かれていなかった。ところが、就業規則には全従業員に専門業務型裁量労働制を適用すると明記されており、専門業務型の労使協定も存在していた。業務内容についても適切であり、労働基準監督署に相談しても、裁量労働制を無効とするのは難しいという回答であった。

しかし、実は彼女はもともと出版業界の経験がなく、先輩に教えてもらいながら働いており、一人で雑誌一冊を製作するだけの知識・経験がなかった。このことを理由に、ユニオンは団体交渉でそれまでの裁量労働制を適用すべきでないことを会社側に認めさせ、残業代を支払うことを約束させた。

これらの事例からわかることは、実際に交渉したりアクションを起こせば、職場環境や制度を変えることができるということだ。もし同じような悩みを抱えている人がいれば、すぐに専門家に相談していただきたい。

<table>
<tr><th colspan="2">解説</th></tr>
<tr><th>専門業務型</th><th>企画業務型</th></tr>
<tr><td colspan="2">裁量労働制においてもみなし労働時間が8時間を超えていた場合の時間外割増賃金や深夜・休日の割増賃金の支払い義務は残るため，これらの項目に違反しても裁量労働制が無効にはならないが，賃金未払いで労働基準法第37条違反となる.</td></tr>
<tr><td colspan="2">裁量労働制でも深夜手当や休日手当を支払う必要があるため，労働時間管理をすべきことは明らかである.</td></tr>
<tr><td>労働基準法第38条の3第1項「労働者の過半数で組織する労働組合があるときはその労働組合，労働者の過半数で組織する労働組合がないときは労働者の過半数を代表する者との書面による協定により，次に掲げる事項を定めた場合」と明示しており，労使協定がなければ無効になる.</td><td>労働基準法第38条の4第1項「賃金，労働時間その他の当該事業場における労働条件に関する事項を調査審議し，事業主に対し当該事項について意見を述べることを目的とする委員会(使用者及び当該事業場の労働者を代表する者を構成員とするものに限る.)が設置された事業場において，当該委員会がその委員の5分の4以上の多数による議決により次に掲げる事項に関する決議をし，かつ，使用者が，厚生労働省令で定めるところにより当該決議を行政官庁に届け出た場合」と定められており，企画業務型なら労使委員会の決議・議事録がなければ無効になる.</td></tr>
<tr><td colspan="2">投票や挙手などで全従業員の過半数の同意によって，民主的に選出されなければならない.過半数が選出に参加していない場合や，代表者が管理監督者になっている場合などは，実質的に労働者の代表とは呼べないので労使協定や労使委員会の決議・議事録があったとしても，裁量労働制が無効になる.</td></tr>
<tr><td colspan="2">労働基準法第106条第1項で「使用者は，…就業規則…を，常時各作業場の見やすい場所へ掲示し，又は備え付けること，書面を交付することその他の厚生労働省令で定める方法によつて，労働者に周知させなければならない」と定められている.</td></tr>
<tr><td colspan="2">職業安定法改正により，2018年1月1日から求人票への記載が指針で義務づけられた.</td></tr>
<tr><td>専門業務型では「業務の性質上その遂行方法を大幅に当該業務に従事する労働者の裁量にゆだねる必要がある」(労働基準法第38条の3第1項第1号)19業務のみ適用可能.</td><td>企画業務型は「事業の運営に関する事項についての企画，立案，調査及び分析の業務であつて，当該業務の性質上これを適切に遂行するにはその遂行の方法を大幅に労働者の裁量にゆだねる必要があるため，当該業務の遂行の手段及び時間配分の決定等に関し使用者が具体的な指示をしないこととする業務」(労働基準法第38条の4第1項第1号)と具体的な業務指定はないが，「企画」「立案」「調査」「分析」の4つを組み合わせた業務と定められている.</td></tr>
</table>

	チェック項目
	(4)賃金が支払われているか　※賃金不払いとして労働基準法に違反する
□	•休日出勤しても，休日手当(割増賃金)が支払われない.
□	•深夜(22時～5時)に働いても，深夜手当(割増賃金)が支払われない.
□	•会社が労働時間を記録していない.
	(5)手続きが行われているか
□	•裁量労働制について定めた「労使協定」や「労使委員会の決議・議事録」を知らない，あるいは見たことがない.
□	•自分の「みなし労働時間」を教えられたことがない.
□	•上記の「労使協定」や「労使委員会の決議・議事録」の内容を知っている，あるいは見たことはあるが，これを決めた「労働者の代表」が誰なのか知らない.
□	•上記の「労働者の代表」を知っているが，代表を選ぶ手続きに参加していない.
□	•契約書や就業規則に裁量労働制と書いていない，あるいは就業規則が知らされていない.
□	•求人票に裁量労働制と書いていなかった.
	(6)裁量労働制が認められる業務をしているか
□	•肩書きや契約書は対象業務だが，実際の業務内容が対象外業務である.
□	•対象業務と対象外業務の両方をしている.
□	•一般事務や営業業務をしている.
□	•システムエンジニアの場合：主にプログラミング業務をしている.
□	•記者・ライター・編集者の場合：単なる校正業務，カメラマンや技術スタッフ，指示された内容を修正するだけのオペレーターの業務をしている.
□	•デザイナーの場合：すでに考案されたデザインにもとづいてレイアウトや修正を行う業務，オペレーターの業務をしている.
□	•映像のプロデューサー・ディレクターの場合：アシスタントプロデューサー，アシスタントディレクターの業務をしている.
□	•ゲーム開発の場合：指示にもとづくプログラミング業務，ゲームの配信や運用の業務をしている.

<table>
<tr><th colspan="2">解説</th></tr>
<tr><th>専門業務型</th><th>企画業務型</th></tr>
<tr><td>労働基準法第 38 条の 3 第 1 項第 1 号は「業務の性質上その遂行の方法を大幅に当該業務に従事する労働者の裁量にゆだねる必要があるため，当該業務の遂行の手段及び時間配分の決定等に関し使用者が具体的な指示をすることが困難なものとして厚生労働省令で定める業務」と定めている．</td><td>労働基準法第 38 条の 4 第 1 項第 1 号は「事業の運営に関する事項についての企画，立案，調査及び分析の業務であつて，当該業務の性質上これを適切に遂行するにはその遂行の方法を大幅に労働者の裁量にゆだねる必要があるため，当該業務の遂行の手段及び時間配分の決定等に関し使用者が具体的な指示をしないこととする業務」と定めている．</td></tr>
<tr><td>労働基準法第 38 条の 3 第 1 項第 3 号は，専門業務型の導入として「対象業務の遂行の手段及び時間配分の決定等に関し，当該対象業務に従事する労働者に対し使用者が具体的な指示をしないこと」と定めている．「数人でプロジェクトチームを組んで開発業務を行っている場合，実際上，そのチーフの管理の下に業務遂行，時間配分を行うケースが多いと思われるが，専門業務型裁量労働制に該当し得るか．また，プロジェクト内に業務に付随する雑用，清掃等のみを行う労働者がいる場合」，「いずれも専門業務型裁量労働制に該当しない」(昭和 63 年 3 月 14 日基発 150 号，平成 12 年 1 月 1 日基発 1 号)．</td><td>「労働基準法第 38 条の 4 第 1 項の規定により同項第 1 号の業務に従事する労働者の適正な労働条件の確保を図るための指針」は，「日常的に使用者の具体的な指示の下に行われる業務や，あらかじめ使用者が示す業務の遂行方法等についての詳細な手順に即して遂行することを指示されている業務は，これに該当しない」と定めている．</td></tr>
<tr><td colspan="2">「都道府県労働局長あて厚生労働省労働基準局長通知」(平成 15 年 10 月 22 日基発第 1022001 号)「労働基準法の一部を改正する法律の施行について」で「専門業務型裁量労働制の適用を受けている労働者について，健康上の不安を感じている労働者が多い等の現状があることから，裁量労働制が働き過ぎにつながることのないよう，専門業務型裁量労働制についても，企画業務型裁量労働制と同様に，労使協定により健康・福祉確保措置及び苦情処理の導入を必要とすることとしたものであること」と定めている．</td></tr>
<tr><td colspan="2">みなし労働時間が実労働時間より短すぎるというポイントについては，実は法律などで明確に規定されていない．ただし，東京労働局の資料(「「企画業務型裁量労働制」の適正な導入のために」)でも，「実際のみなし労働時間の決め方については，法令で「このような水準で決めるべき」という規定は盛り込まれていませんが，割増賃金節約だけのために短めのみなし時間を定めることは制度の趣旨に反しています」とされているように，実際の労働時間と大きく乖離している場合が不適切であることは明らかだろう．</td></tr>
<tr><td>専門業務型は対象業務に適用すれば，知識・経験の有無は法令に明記されていない．しかし，対象業務を 1 人で遂行できるだけの能力がなければそもそも合法に適用できない．</td><td>労働基準法第 38 条の 4 第 1 項第 2 号は「対象業務を適切に遂行するための知識，経験等を有する労働者」と定めており，具体的には「労働基準法第 38 条の 4 第 1 項の規定により同項第 1 号の業務に従事する労働者の適正な労働条件の確保を図るための指針」が，「大学の学部を卒業した労働者であって全く職務経験がないものは，客観的にみて対象労働者に該当し得ず，少なくとも 3 年ないし 5 年程度の職務経験」が必要であると例示している．</td></tr>
</table>

裁量労働制チェックシート（作成：裁量労働制ユニオン）

	(1)～(3)は実際の裁量の有無，(4)は裁量労働制の中での適切な賃金支払い，(5)は手続きの有無，(6)は対象外業務の有無についての項目である．
	チェック項目
	(1)仕事のやり方に裁量があるか
☐	• 仕事のやり方やスケジュールを上司から指示されて，働き方を自由に決められない．
☐	• ミーティングへの出席義務がある．
☐	• 上司から締切間近の業務を急に指示される．
☐	• 残業や休日出勤を指示される．
☐	• 出退勤時刻を守るように指示されていて，それらを守らないと注意されたり，遅刻・早退扱いとなって給料が引かれたり，半休扱いなどになる．
	(2)長時間労働をさせられていないか
☐	• 過剰なノルマが設定されたり，仕事の量が多すぎて，残業や休日労働をせざるをえない．
☐	• 休憩をとることができない．
☐	•「みなし時間」と実際の労働時間に１日２時間程度またはそれ以上の差がある．
	(3)裁量をもって働けるだけの知識・経験があるか
☐	• 入社からそれほど年月が経過しておらず，知識や経験が浅い．
☐	• 一定の勤務期間になったら一律に適用される．
☐	• 上司や先輩の教育係がいたり，アシスタントだったりと，一人では与えられた業務を遂行できない．

企画業務型

■条文(労基法第 38 条の 4 第 1 項第 1 号)

「事業の運営に関する事項についての企画，立案，調査及び分析の業務であつて，当該業務の性質上これを適切に遂行するにはその遂行の方法を大幅に労働者の裁量にゆだねる必要があるため，当該業務の遂行の手段及び時間配分の決定等に関し使用者が具体的な指示をしないこととする業務」

■対象業務の例(「平成 15 年 10 月 22 日厚生労働省告示第 353 号」で例示)

(1)　経営企画を担当する部署において経営状態・経営環境等について調査・分析を行い，経営に関する計画を策定する業務

(2)　同部署において現行の社内組織の問題点やあり方等について調査・分析を行い，新たな社内組織を編成する業務

(3)　人事・労務を担当する部署において現行の人事制度の問題点やあり方について調査・分析を行い，新たな人事制度を策定する業務

(4)　同部署において業務の内容やその遂行のために必要とされる能力等について調査・分析を行い，社員の教育・研修計画を策定する業務

(5)　財務・経理を担当する部署において財務状態等について諦査・分析を行い，財務に関する計画を策定する業務

(6)　広報を担当する部署において効果的な広報手法等について調査・分析を行い，広報を企画・立案する業務

(7)　営業に関する企画を担当する部署において営業成績や営業活動上の問題点等について調査・分析を行い，企業全体の営業方針や商品ごとの全社的な営業計画を策定する業務

(8)　生産に関する企画を担当する業務において生産効率や原材料等に係る市場の動向等について調査・分析を行い，原材料等の調達計画も含め全社的な生産計画を策定する業務

■対象業務となりえない例(「平成 15 年 10 月 22 日厚生労働省告示第 353 号」で例示)

(1)　経営に関する会議の庶務等の業務

(2)　人事記録の作成・保管，給与の計算・支払，各種保険の加入・脱退，採用・研修の実施等の業務

(3)　金銭の出納，財務諸表・会計帳簿の作成・保管，租税の申告・納付，予算・決算に係る計算等の業務

(4)　広報誌の原稿の校正等の業務

(5)　個別の営業活動の業務

(6)　個別の製造等の作業，物品の買付け等の業務

裁量労働制の対象業務一覧

(労働基準法施行規則第24条の2の2第2項第1〜5号および6号の規定に基づき厚生労働大臣の指定する業務)

専門業務型

(1)　新商品若しくは新技術の研究開発又は人文科学若しくは自然科学に関する研究の業務

(2)　情報処理システム(電子計算機を使用して行う情報処理を目的として複数の要素が組み合わされた体系であつてプログラムの設計の基本となるものをいう．(7)において同じ．)の分析又は設計の業務

(3)　新聞若しくは出版の事業における記事の取材若しくは編集の業務又は放送法(昭和25年法律第132号)第2条第4号に規定する放送番組若しくは有線ラジオ放送業務の運用の規正に関する法律(昭和26年法律第135号)第2条に規定する有線ラジオ放送若しくは有線テレビジョン放送法(昭和47年法律第114号)第2条第1項に規定する有線テレビジョン放送の放送番組(以下「放送番組」と総称する．)の制作のための取材若しくは編集の業務

(4)　衣服，室内装飾，工業製品，広告等の新たなデザインの考案の業務

(5)　放送番組，映画等の制作の事業におけるプロデューサー又はディレクターの業務

(6)　広告，宣伝等における商品等の内容，特長等に係る文章の案の考案の業務(いわゆるコピーライターの業務)

(7)　事業運営において情報処理システムを活用するための問題点の把握又はそれを活用するための方法に関する考案若しくは助言の業務(いわゆるシステムコンサルタントの業務)

(8)　建築物内における照明器具，家具等の配置に関する考案，表現又は助言の業務(いわゆるインテリアコーディネーターの業務)

(9)　ゲーム用ソフトウェアの創作の業務

(10)　有価証券市場における相場等の動向又は有価証券の価値等の分析，評価又はこれに基づく投資に関する助言の業務(いわゆる証券アナリストの業務)

(11)　金融工学等の知識を用いて行う金融商品の開発の業務

(12)　学校教育法(昭和22年法律第26号)に規定する大学における教授研究の業務(主として研究に従事するものに限る．)

(13)　公認会計士の業務

(14)　弁護士の業務

(15)　建築士(一級建築士，二級建築士及び木造建築士)の業務

(16)　不動産鑑定士の業務

(17)　弁理士の業務

(18)　税理士の業務

(19)　中小企業診断士の業務

〈編者〉

今野晴貴（こんの・はるき）

1983年生まれ．NPO法人POSSE代表，ブラック企業対策プロジェクト共同代表．著書に『ブラック企業　日本を食いつぶす妖怪』（文春新書，大佛次郎論壇賞），『求人詐欺　内定後の落とし穴』（幻冬舎），『ブラックバイト――学生が危ない』（岩波新書），『ブラック奨学金』（文春新書）など．

嶋﨑　量（しまさき・ちから）

1975年生まれ．弁護士．神奈川総合法律事務所所属．日本労働弁護団常任幹事，ブラック企業対策弁護団副事務局長，ブラック企業対策プロジェクト事務局長．著書に『ブラック企業のない社会へ――教育・福祉・医療・企業にできること』（今野らとの共著，岩波ブックレット）など．

〈執筆者〉

三家本里実（みかもと・さとみ）

1988年生まれ．POSSEメンバー．一橋大学大学院社会学研究科博士後期課程（労働社会学，労働過程論）．主な論文に「情報サービス産業の下流工程における雇用関係ルール――IT労働者の「採用・配置・指揮命令」に関する実証研究」（一橋社会科学8，pp. 1-16，2016），「労働過程論における自律性概念の再解釈――ブレイヴァマンの労働過程分析を通して」（季刊経済理論53(4)，pp. 74-84，2017）など．

裁量労働制ユニオン（さいりょうろうどうせいゆにおん）

個人加盟の労働組合・総合サポートユニオンの支部として2017年8月に発足した，裁量労働制の労働相談を受け付ける労働組合．発足以降，IT業界，デザイン業界，出版・映像業界，ゲーム業界をはじめとして数多くの相談の対応をしており，会社との団体交渉によって残業代の支払いや職場改善を実現させている．

裁量労働制はなぜ危険か
―「働き方改革」の闇　　　　岩波ブックレット980

2018年3月6日　第1刷発行

編　者　今野晴貴《こんのはるき》　嶋﨑　量《しまさきちから》

発行者　岡本　厚

発行所　株式会社　岩波書店
〒101-8002 東京都千代田区一ツ橋2-5-5
電話案内 03-5210-4000　営業部 03-5210-4111
ブックレット編集部 03-5210-4069
http://www.iwanami.co.jp/hensyu/booklet/

印刷・製本　法令印刷　　装丁　副田高行　　表紙イラスト　藤原ヒロコ

ISBN 978-4-00-270980-2　　Printed in Japan